"여호와 나의 하나님이여
주께서 행하신 기적이 많고
우리를 향하신 주의 생각도 많아
누구도 주와 견줄 수가 없나이다
내가 널리 알려 말하고자 하나
너무 많아 그 수를 셀 수도 없나이다"

시편 40:5

하나님의 꿈을 연주하는

사랑 챔버

지은이 | 손인경
초판 발행 | 2009년 10월 26일
4쇄 | 2017년 2월 3일
등록번호 | 제3-203호
등록된 곳 | 서울특별시 용산구 서빙고동 95번지
발행처 | 사단법인 두란노서원
영업부 | 2078-3333 FAX 080-749-3705
출판부 | 2078-3477

▍책값은 뒤표지에 있습니다.
ISBN 978-89-531-1233-9 03230

▍편집부에서 독자의 의견을 기다립니다.
tpress@duranno.com http://www.duranno.com

두란노서원은 바울 사도가 3차 전도여행 때 에베소에서 성령 받은 제자들을 따로 세워 하나님의 말씀으로 양육하던 장소입니다. 사도행전 19장 8-20절의 정신에 따라 첫째 목회자를 돕는 사역과 평신도를 훈련시키는 사역, 둘째 세계선교(TIM)와 문서선교(단행본·잡지) 사역, 셋째 예수문화 및 경배와 찬양 사역, 그리고 가정·상담 사역 등을 감당하고 있습니다. 1980년 12월 22일에 창립된 두란노서원은 주님 오실 때까지 이 사역들을 계속할 것입니다.

하나님의 꿈을 연주하는

사랑 챔버

| 손인경 |
지음

두란노

| 책을 열며 |

지금 생각해 보면, 내가 네 살 때 텔레비전에서 처음 보았던 기타를 무척 좋아했던 것도, 그런 나를 눈여겨보시고 기타보다 훨씬 작은 바이올린을 시작하게 해 주신 부모님을 만난 것도 다 하나님의 은혜. 동서의 문화가 공존하는 홍콩에서 세 살 때부터 자라게 하시고 중국 학교가 아닌 좋은 영국 학교에 다닐 수 있었던 것도, 토요일마다 한인회에서 운영하는 한국 학교에서 만날 100점을 맞았던 것도, 한 해에 두 개의 콩쿠르에서 상을 휩쓸었던 것도 다 하나님의 계획하심이다. 미국에 건너가 명문 대학과 대학원에서 박사 학위까지 받은 것도 기적이다. 그런데 그때는 그 모든 것이 하나님의 섭리인 줄 몰랐다. 오로지 나만을 위해서 공부했기 때문이다.

그동안 외국에서만 살던 내가 지금은 한국에 살며, 그저 나만의 연주 세계를 쌓아 가는 사람이 아니라, 사랑챔버의 연주 세계를 함께 쌓아 가는 사람이 되었다. 정말 내 뜻과 상관없이 진행된 일들이다. 그리고 이 모든 일이 그저 놀랍기만 하다.

사랑챔버 아이들과 연습을 하다 보면 곡이 한 박자가 아니라 아예 한 마디씩 벌어져서 피아노와 따로 노는 일이 예사였다. 지휘하면서 '오~ 마이~ 갓~!'을 속으로 외칠 때가 얼마나 많았던가!
그런데 신기하게도 무대에 오르기만 하면 아이들은 놀라운 집중력을 발휘해 멋진 연주를 해냈다. 성령님의 이끄심이 아니면 설명하기 힘든 일이었다. 우리의 공연을 듣고 사람들이 나를 칭찬하고, 선생님들을 칭찬하고, 아이들을 칭찬할 때, 나는 정말 할 말이 없다. 모든 일은 정말 하나님이 하셨기 때문이다. 그 기막힌 심정을 털어놓고 싶었는데, 하나님께서 기회를 주셔서 이렇게 책으로 펴내게 되었다.
그동안 사랑챔버를 향한 나와 선생님들의 헌신이 아무리 크다고 한들, 우리 어머니들의 헌신에 비하면 아무것도 아니다. 나를 '풍성한 연주자'와 '음악 선생'으로 키워 준 '천연 보석'과 같은 사랑챔버 아이들에게, 나를 '엄마'로 성장시켜 준 너무 귀한 맘플러스 어머니들에게, 나를 훌륭한 '동역자'로 자라나게 해 준 사랑플러스 선생님들에게, 나의 존재 자체를 그저 사랑해 주는 가족들에게, 나를 '예배하는 음악인'으로 인도해 가시는 너무나 좋으신 하나님께, 이 책을 바친다. 이 책을 읽는 사람들 모두가 우리 각 사람에게 계획이 있고 실수가 없으신 하나님 안에서 새로운 비전을 잉태하기를 간절히 기도한다.

2009년 10월
손인경

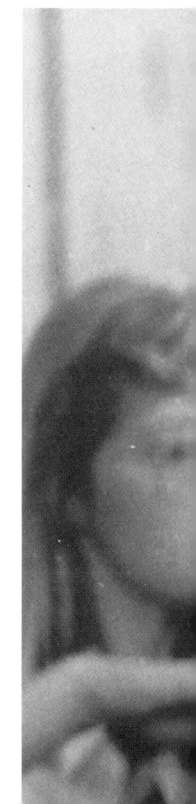

| CONTENTS |

Part I 기적의 시작

01 도전 012
02 첫 만남 022
03 교수보다 더 좋은 것이 있다고요? 032
04 엄마의 하나님, 나의 하나님 044
05 코드 맞추기 052
06 너는 타잔, 나는 제인 062

Part II 천국의 아이들

01 첫 무대에 오르다 086
02 실수는 최대의 성공이었어! 100
03 천국이 따로 없습니다요! 108
04 비자 받기 프로젝트 118
05 미국 공연, 그리고 하나님 아버지의 선물 138
06 자라나는 아이들 156
07 함께 부르지 못한 노래 164
08 영산아트홀, 바로 그 무대에 서다 170

Part III 하나님의 선물 보따리

01 '눈물과 헌신'의 양식을 먹고 자라는 아이들 182
02 한 10년 투자해 보시죠 190
03 예술의전당에서 콘서트를! 196
04 Wait and see! 208
05 또 다른 선물들… 216
06 연극 대본에서 동화책까지 222
07 용납 228
08 Since1999 10년간의 기적 236
09 두 번째 미국 연주 246

Part IV 예배자

01 하나님과의 은밀한 협상 254
02 아이들에게 배운 것 262
03 내가 받은 더 값진 레슨비 270
04 다윗의 찬양이 내게도… 276
05 우리도 그들처럼 286
06 기대 294

Part I
기적의 시작

"헐렁헐렁~ 둥글둥글~" 나는 뼈 없는 사람처럼 팔을 이리저리 둥글둥글거리며 지휘한다. 그리고 긴장으로 뻣뻣해진 팔로 활을 켜고 있는 아이들의 손등을 살며시 터치해 준다. 내 뒤를 따라 천사가 매직가루를 뿌리는지 아이들의 팔은 금세 긴장이 풀리고 음이 부드러워진다. 나는 아이들이 내는 이 부드러운 음이 너무 좋다.

01 도전
02 첫 만남
03 교수보다 더 좋은 것이 있다고요?
04 엄마의 하나님, 나의 하나님
05 코드 맞추기
06 너는 타잔, 나는 제인

01
도전

1992년 교회 성령집회 때 성령 체험을 했지만, 내가 사역이라고 착각했던 것들이 삶과 동떨어진 것이 많았다. '소마 트리오'로 자선 연주도 많이 했지만, 내 삶을 직접 나누지는 못했다. 그런 나를 불러 세운 것이 바로 그날 운명적으로 만난 소년의집 학생들이었다.

1999년 4월 장영주 독주회 앙코르 공연. 일주일 전에 있었던 정규 독주회가 매진되어 아쉬웠는데, 마침 엄마가 클래식을 좋아하는 엄마 친구를 전도할 목적으로 예매해 둔 덕에 다행히도 앙코르 공연을 볼 수 있게 되었다. 엄마 친구와 엄마, 나, 이렇게 셋은 오랜만에 바쁜 일상을 뒤로하고 흐뭇하게 예술의전당에서 연주를 즐기고 있었다. 마지막 곡이 끝나고 앙코르 곡을 기대하고 있는데, 갑자기 조명이 어두워지더니 무대 위에서 스태프들이 분주하게 움직였다.

'이건 뭐지?'

의아해하는데, 교복을 입은 남학생들이 무대 위에 등장했다. 순식간에 오케스트라 단원이 모두 무대에 오른 것이다. 그 뒤로 피아니스트와 장영주 씨가 무대에 올랐다. 프로그램을 자세히 보지 않아서 무대에 오른 중·고등 학생들이 누군지는 몰라도, 짐작에 음악을 전문적으로 공부하지 않은 소외된 계층의 아마추어 학생들과 장영주 씨가 협연하는 모양이었다. 그리고 보니 연주장에 들어서기 전에 보았던 수많은 관광버스와, 좌석을 메운 수녀님들의 모습이 무대에 오른 저 학생들과 관련이 있을 것 같았다.

장영주 씨와 한 학생이 함께 연주한 바흐의 '2대의 바이올린을 위한 협주곡'이 끝나자 목관과 금관악기가 어우러진 '마이 웨이'(My Way)가 이어졌다. 나는 기대 이상으로 꽤 높은 그들의 연주 수준에 감탄했다. 벅찬 감동의 순간이었다.

앙코르 곡들까지 끝난 뒤 사람들은 행복한 얼굴로 공연장을 빠져나갔다. 그러나 나는 자리에서 일어나지 못했다.

'… 이 많은 학생들을 누가 지도했을까? 엄청난 시간과 노력이 필요했을 텐데….'

나는 천천히 일어나면서 엄마에게 "난 뭐야?" 하고 한심스러운 목소리로 말했다.

로비에서 엄마 친구와 헤어지고 엄마와 함께 주차장으로 걸어갔다. 평소 같으면 엄청 바쁜 티를 내며 서둘러 공연장을 빠져 나갈 궁리를 했을 텐데, 나는 그날 다른 차들이 모두 분주히 주차장을 빠져 나갈 때까지 운전할 엄두도 내지 못했다.

"엄마, 나는 이제까지 뭐 하고 살았나 몰라."

옆자리에 앉은 엄마는 잠자코 '이제야 우리 딸이 철이 드는 모양이네' 하는 눈치시더니 "기도 해봐" 하셨다. 그날 차 안에서 내가 한 고백은 하나님께 한 것이었다.

그 일이 있은 후 얼마 지나서 나는 그 학생들의 정체를 파악하기 위해 인터넷으로 검색을 했다. 그들은 그 당시로부터 20년 전, 마리아수녀회에서 세운 보육원인 '부산 소년의집' 관현악단이었다. 어느 신부님이 예배 시간에 아이들이 지루해하는 것을 보고 악기를 가르치기 시작한 것이 오늘날의 관현악단이 된 것이다.

정규 독주회 후에 장영주 씨가 부산 소년의집을 방문했는데, 그때 이 오케스트라의 연주를 듣고 감동을 받아 서울에서 열리는 앙코르 독주회 무대에 이들을 초대한 것이었다.

사실 수녀님들이 운영하는 기관인 만큼, 이왕이면 예술의전당 콘서트홀에서 찬양이 울려 퍼졌더라면 더 좋았을 텐데 하는 생각에 좀 아쉬웠다. 아무튼 하나님께서 교묘한 타이밍으로 정규 독주회를 놓치게 하고, 이 감동의 무대를 통해 큰 도전을 받게 하신 것이다.

그러나 일상은 관성의 법칙에 의해 여전히 바빴다. 내가 멤버로 활동하고 있는 '소마 트리오' 1집 연주 녹음이 잘못 되어 녹음 일정을 다시 잡아야 했고, 대학교도 세 군데나 출강했다. 이제 두 돌도 채 되지 않은 아이의 양육 문제도 힘든 일이었다. 그러면서도 '나는 지금까지 뭐 하고 살았나' 하는 의문이 뇌리를 떠나지 않았다. 이것이 바로 하용조 목사님이 늘 말씀하던 '거룩한 부담감'인가?

나는 그동안 정말 열심히 살았다. 옆도 뒤도 보지 않고 오로지 앞만 보고 내달렸다. 어쩌면 너무 바쁘지 말고 천천히 가라는 주님의 사인(sign)이었는지도 모르는데, 임신 8주 만에 첫아이를 자연유산한 일조차 바쁘게 달려가는 나를 멈춰 세우지 못했다. 교회 봉사는 1991년부터 섬기던 주일 3부 예배의 챔버 하나뿐이었지만, 예기치 않게 교회의 여러 행사에 불려 다녔다. 1992년 교회 성령집회 때 성령 체험을 했지만, 내가 사역이라고 착각했던 것들이 삶과 동떨어진 것이 많았다. '소마 트리오'로 자선 연주도 많이 했지만, 내 삶을 직접 나누지는 못했다. 그런 나를 불러 세운 것이 바로 그날 운명적으로 만난 소년의집 학생들이었다.

'소아마비를 가진 이작 펄만(Itzhak Perlman) 같은 세계적인 바이올리니스트는 누가 처음에 가르쳤을까? 한국의 장애인들은 음악 교육을 받고 있을까?'

소년의집 아이들과의 만남은 장애우에 대한 관심으로 이어졌다. 그때 머릿속에 교회의 장애인선교위원회가 떠올랐다. 어느 해인가 장애인 주일에 장애인 가족들이 기쁘게 찬양하던 모습과 민수라는 시각장애인 청년이 들려준 멋진 색소폰 연주도 영화의 한 장면처럼 스치고 지나갔다. 당시 구필화가 박우형 장로님이 이끄는 장애인선교위원회는 크리스마스 카드를 만들어 판매하는 등 활발하게 활동했던 것으로 기억한다.

나는 일단 교회에 전화를 걸어보기로 했다. 뭐 대단한 결심이 아니라 취미로 바이올린을 배우겠다고 하는 장애인이 있으면 레슨을 해 주고, 두 명 이상이 요청하면 그룹으로 가르칠 생각이었다. 그때까지만 해도 나의 '자투리' 시간만 내어 줄 생각이었지 처음부터 헌신할 생각은 전혀 없었다. '나도 이제 좋은 일 좀 해 봐야지' 하는 정도였다. 생각난 김에 당장 전화를 걸 요량으로 거실로 향하는데, 마침 엄마한테서 전화가 왔다.

"어제 꿈을 꿨는데, 네가 장애인들을 위해 뭔가 하면 어떨까?"
"엄마!! 나도 방금 교회에 전화하려던 참이었어요!"

기가 막힌 하나님의 사인이었다. 엄마의 꿈은 이랬다. 큰 기둥들이 있는 성 베드로 성당 같은 건물의 무대에 내가 서 있었다고 한다. 커튼이 한쪽만 쳐져 있어서 엄마는 청중석에서 '커튼 뒤에는 뭐가 있지?' 하고 몸을 옆으로 기울여 봤더니 커튼 뒤에 휠체어가 있었단다. 더 이상 무슨 말이 필요할까. 나는 서둘러 연락을 취했다.

당시 긍휼사역 담당 장로님이었던 윤형주 장로님께 말씀드리니 박우형 장로님께 전화를 해보라고 했다.

교회에서 박 장로님을 만났다.

"장애인에게 바이올린을 가르치고 싶어요. 광고 내 주실 수 있으세요?"

그러자 박 장로님은 너무나 기뻐하면서 말했다.

"네 시작은 미약하나 네 나중은 심히 창대하리라는 말씀이 있죠? 그 말씀처럼 나중에는 챔버가 되어 카네기홀에서 연주하면 참 좋겠네요."

나는 마음속으로 '꿈이 참 크시네' 했다. 나는 그저 봉사 차원에서, 게다가 짬을 내서 가르치려는 것뿐이었다. 당시 나는 아브라함의 아내 사라와 같았다. 이미 나이 들어 월경이 끊어졌는데도 아들이 생길 거라는 하나님의 약속을 듣고는 속으로 웃어 넘긴 사라 말이다. 나는 장로님의 말씀은 흘려듣고 내가 하고 싶은 말만 다시 강조해서 말했다.

"두 명이 신청하면 그룹으로 하면 되고요, 성인이어도 상관 없을 것 같아요."

모임의 이름은 '온누리 장애우 음악교실'로 정했다(원래 사랑챔버는 '장애우 음악교실'이라는 이름으로 시작됐다. 나중에 하 목사님이 이 이름을 듣고는 고개를 절레절레 흔들며 '음악대학'으로 하지 그랬냐고 했다).

다음 주일 광고 시간, 하 목사님이 광고를 했다. 나는 지금도 그 순간을 잊을 수가 없다.

"손인경 자매가 장애인들을 가르치겠다고 합니다. 음악이 얼마나 장애인들에게 필요한지 모릅니다. 자폐도 좋습니다!

정신지체도 좋습니다! 다 신청하세요!"

얼마나 당황스럽던지 속으로 '큰일 났다' 싶었다. 나는 당연히 신체적 장애인만으로 제한했지만, 하 목사님은 지적장애인이야말로 그 대상으로 생각한 것이다. 바이올린같이 섬세한 악기를 어떻게 지적장애인들에게 가르친단 말인가? 아차 싶었지만 설마 진짜로 신청할까, 또 정말 지적장애인이 신청한다면 광고가 잘못 나갔다고 정중하게 거절하면 되겠지, 하며 스스로 괜찮다고 위로했다.

주중에 교회에서 연락이 왔다. 학생 다섯 명이 신청했는데, 사랑부에 출석하는 학생들이라고 했다. 나는 그때까지만 해도 온누리교회 장애우 예배 공동체인 사랑부 학생들을 접해 본 적이 없었기 때문에, 앞으로 어떤 일이 일어날지 전혀 예상하지 못한 채 우선 주일에 만나기로 약속했다.

사랑부 아이들과 어머니들과의 역사적인 첫 만남은 복도 바닥에서 이뤄졌다. 그때도 온누리교회는 역시 '온난리' 교회여서 선교관의 방 하나가 비워질 때까지 기다려야 했다.

복도에서 나를 기다리고 있던 지원이, 어령이, 혜신이, 완이, 성민이까지, 모두 지적장애인들이었다! 다운증후군을 가진 아이, 자폐증을 가진 아이, 학습 장애가 있는 아이, 어려서 뇌수술을 두 번

받은 아이까지…. 나는 가슴이 덜컥 내려앉았다. 어릴 적 홍콩에서 살 때 잘 쓰던 감탄사가 절로 나왔다.

"아이~ 야~~~!"

중국말로 큰일 났을 때 터져 나오는 감탄사로, '어머나'보다 느낌이 센 말이다.

02
첫 만남

하나님이 꿈을 통해 남편과 나를 맺어 주신 까닭을 사랑챔버 어머니들을 만나고 나서야 알게 되었다. 나는 남편과 결혼함으로써 시동생을 가족으로 두게 되었고, 자연스럽게 장애인에 대해 열린 마음을 가질 수 있었다. 나는 몰랐지만, 하나님은 이미 오래전부터 나를 향한 계획이 있으셨던 것이다.

어머니들은 마치 내가 특수음악치료 전문가라도 되는 것처럼, 이런저런 이야기를 털어놓았다. 나는 장애 유형이 이렇게나 많은 줄 몰랐다. 1급, 2급… 용어들도 너무 생소했다.

다운증후군을 가진 지원이. 하 목사님의 광고를 듣고 망설임 없이 곧바로 신청했다는 지원이 어머니는 평소 믿는 사람한테서 악기 하나 배웠으면 했단다. 지원이는 초등학교 4학년인데 다룰 줄 아는 악기가 하나도 없었다. 1, 2학년 때 피아노 학원에 다니기는 했지만 〈나비야 나비야〉만 간신히 띵동거릴 줄 안다고 했다.

뇌종양과 뇌수종으로 뇌 수술을 두 번 받고 지적장애인이 된 어령이. 중학교 3학년인 어령이는 어려서부터 베토벤을 좋아한다고 했다. 1년 전에 피리를 배우고 있었는데, 배운 지 5개월 만에 국악 오케스트라 지휘자를 찾아갔더니 국악예고에 다니는 아이들보다 피리를 더 잘 분다고 했단다.

그 말에 힘을 얻은 어머니는 기대에 차서 국악예고에 지원하면 받아 줄 수 있겠냐고 물었더니, 한마디로 거절했다고 한다. 어머니는 깊은 상실감에 빠졌지만, 하나님께 모든 것을 올려 드렸다. 그런 다음 하 목사님의 광고를 듣게 되었고 하나님의 기도 응답이라고 생각했단다.

어령이는 콘트라베이스를 배우고 싶어 했다.

"콘.트.라. 콘.트.라. 베.이.스!"

드디어 선교관에 방이 나자 어령이는 '치고이너바이젠'(Zigeunerweisen)을 오케스트라 파트부터 바이올린 솔로 부분까지 '쾅쾅'거리며 피아노로 끝까지 연주해 냈다. 대단했다.

학습장애가 있는 혜신이. 혜신이 어머니는 하 목사님의 광고를 듣고 정말 좋은 기회인데, 혜신이가 따라 할 수 있을지 걱정부터 했단다. 혜신이는 학습장애가 심해서 악보를 익혀 피아노 치는 것을 시도하다가 바로 포기한 경험이 있었던 것이다. 그러나 새벽 기도 중에 지난날의 실패와 상관없이 모든 염려를 하나님께 맡기라는 음성을 듣고 용기를 냈다고 했다. 나는 혜신이에게 물었다.

"혜신아, 어떤 악기 하고 싶어?"

"바.이.올.린…."

손 모양에 열중하는
염성민과 김조은 선생님

어머니는 아마도 동생이 지금 바이올린을 배우고 있어서 그런지 모르겠는데, 이것도 하나님의 뜻인 것 같다고 했다.

자폐증을 가진 완이. 완이 어머니는 교회 신문에 실린 '장애우 음악교실' 광고를 보고 너무 기뻤단다. '완이가 무엇을 하며, 어떻게 살아가야 할까?'를 놓고 기도하는 중에 《예수라면 어떻게 할 것인가》에 나오는 레이첼처럼 완이가 찬양으로 사람들에게 하나님을 전할 수 있었으면 좋겠다는 생각을 했단다. 그래서 초등학교 1학년 때부터 지금까지 피아노를 가르치고 있는데, 별 재능은 없는 것 같다고 했다.

"저희는 완이를 작은 예수님이라고 해요. 저희 어머니가 모태신앙인이지만 교회를 떠나 있다가 완이 때문에 주님과 다시 만나셨거든요."

어머니의 간증이 내 귀를 울렸다.

다운증후군을 가진 성민이. 네 살밖에 안 되어 아직은 악기 다루기가 힘들 것 같았다. 그래서 피아노 선생님이 모집되면 피아노부터 시작하기로 했다. 이후 성민이는 피아노를 시작하기는 했지만 어머니가 성민이 동생을 셋이나 갖는 바람에 레슨을 꾸준히 못 받게 되어 너무 아쉬웠다(몇 년 후 성민이가 다시 사랑챔버에 찾아왔다. 물론 어머니와 동생들도 손 붙잡고 모두 따라왔다. 바이올린을 지도하기로 하고 예쁜 선생님께 일대일 레슨을 배정해 주었다. 지금은 지휘자의 손 모양을 보며 개방현을 찾을 줄 알고, 왼손가락으로 짚어서 음을 내는 신멜로디팀에 합류해 열심히 하고 있다).

어머니들을 뵙고 나니, 내가 많이 부끄러웠다. 하용조 목사님의 광고를 듣고 '큰일 났구나' 했을 그 순간에 나와는 대조적으로 부모님들은 하나님의 계획과 응답이라 여기고 '할렐루야' 하며 기뻐했던 것이다. 하나님께서는 나와 어머니들의 상반된 반응을 보고 어떤 생각을 하셨을까?

어머니들의 얼굴빛이 밝지 않은 것이 마음에 걸리긴 했지만, 나는 그날 그 아이들을 보면서 '불쌍하다, 안됐다'란 생각은 들지 않았다. 시댁 도련님 때문이었을까?

1993년 말, 엄마는 홍콩에서 전화로 한○○이라는 사람이 전화하면 한번 만나 보라고 하셨다. 홍콩한인교회에서 함께 신앙생활을 하는, 늘 기도 생활을 해서인지 주변 사람들이 모두 천사라고 칭송하는 엄마 후배가 자기 조카를 소개하겠다고 했다는 것이다.

당시 나의 배우자를 위한 기도 1순위는 '믿는 사람일 뿐만 아니라 나를 영적으로 이끌어 줄 수 있는 사람'이었다. 그 다음이 나와 나이 차이가 열 살가량 나서 내 응석을 다 받아 주는 사람이었다. 그리고 당연히 직장인이어야 했다. 그런데 집사님이 소개해 주겠다는 사람은 내가 머릿속에 그렸던 신랑감과는 아주 거리가 멀었다. 나이도 나보다 7개월 아래고, 이제 겨우 사법연수원 학생인데다, 무엇보다 크리스천이 아니었다. 더구나 남자의 어머니는 독실한 불교신자였다. 집사님은 왜 이런 사람을 내게 소개하겠다는 것일까, 나는 이해할 수가 없었다. 하지만 이왕에 주선된 자리이니 예의상 나가기로 했다.

한 호텔 커피숍에 도착했다. 내 앞에는 입이 귀에 걸린 듯 웃고 있는 한 남자가 앉아 있었다. 그는 초면에 자기소개를 하는데 이렇게 말했다.

"제 동생은 청각장애가 있고, 저는 색맹입니다."

깜짝 놀랐다. 초면에, 그것도 선을 보는 자리에서 자기의 약점을 처음부터 말하는 사람이 어디 있단 말인가. 그의 지나친 솔직함 때문에 나는 적잖이 당황했다.

"법무관으로 진해에서 훈련을 받게 됩니다."

불행인지 다행인지 그는 곧 사법연수원을 마치고 법무관으로 자리를 옮긴다고 했다.

그로부터 5개월 뒤, 우리는 온누리교회에서 다시 만났다. 당시 그는 휴가를 나오자마자 달려온 상태라 군복을 입은 채였다.

그 순간 배우자 기도를 한창 하던 몇 해 전에 꾼 꿈이 생각났다. 꿈속은 전쟁 상황이었고, 나는 폭격으로 속출하는 부상자들 사이를 숨 돌릴 틈 없이 뛰어다니는 간호사였다. 누가 나를 불러서 뒤돌아보니 부상당한 군인이 손을 잡아 달라는 듯 간절한 눈빛으로 나를 바라보며 환하게 웃고 있었다. 그런 그의 얼굴에서 '나를 너무 사랑하는구나' 하고 느꼈다. 그런데 느닷없이 그 꿈이 왜 생각나는 것일까?

'하나님이 사인으로 미리 보여 주신 건가?'

우리는 1995년 온누리교회에서 결혼식을 올렸다. 가끔 부부 사이에 냉기가 흐를 때면 '아, 왜 그때 그 꿈을 믿었을꼬?' 하고 후회를 하기도 한다. 하지만 남편은 지금 나의 가장 든든한 동역자다.

한동안 남편은 '유모차 사역자'로 우리 교회에서 유명했다. 내가 주일 3부 예배를 챔버로 섬기는 동안 남편이 큰애를 유모차에 태우고 돌보아 주었기 때문이다. 내가 사랑챔버에 집중할 수 있었던 것도 남편 덕분이다. 결혼 전에 나와 결혼하기 위해 7주 등록 과정을 마치고 세례까지 받은 남편은 소년부 전도사님께 일대일제자양육을 받았는데, 그러는 바람에 수료하자마자 소년부 교사가 됐다.

  토요일이면 남편은 우리 신혼집에서 소년부 예배를 드린 뒤 아이들과 노느라고 정신이 없었다. 내가 볼 때는 영락없는 새신자인데, 어떻게 저렇게 교사를 열심히 할 수 있나 싶었다. 나는 그때도 넘쳐나는 레슨을 소화하느라 토요일도 없이 일했기 때문에 남편이 아이들에게 어떻게 성경을 가르치는지 유심히 보지 못했다. 그런데 분명한 것은, 남편은 아이들과 기가 막히게 잘 논다는 사실이다. 아이들도 남편을 잘 따랐다. 남편의 은사였다.

  하나님이 꿈을 통해 남편과 나를 맺어 주신 까닭을 사랑챔버 어머니들을 만나고 나서야 알게 되었다. 나는 남편과 결혼함으로써 시동생을 가족으로 두게 되었고, 자연스럽게 장애인에 대해 열린 마음을 가질 수 있었다. 나는 한 번도 시동생이 안됐다거나, 시동생 때문에 시댁이 불행하다고 생각해 본 적이 없다. 불편하다고 느낀

적도 없다. 나는 몰랐지만, 하나님은 이미 오래전부터 나를 향한 계획이 있으셨던 것이다.

03
교수보다
더 좋은 것이 있다고요?

그날 하나님은 내게 이런 말씀을 하셨다. "내가 너를 위해 더 좋은 것을 남겨 놓았다."
도대체 교수보다 더 좋은 것이 무엇이란 말인가? 사랑챔버를 섬기면서 나는 비로소
하나님이 나를 한국에 정착시킨 이유를 알게 되었다.

어령이는 콘트라베이스를 배우고 싶어했지만, 나는 들고 다니기 힘들 테니까 다른 악기를 배우자고 설득했다. 다행히 어령이가 양보해 주어서 훨씬 작은 '첼로'를 배우기로 했다. 지원이와 혜신이는 스스로 선택한 대로 바이올린을 하기로 했다. 나중에 완이 어머니는 완이에게 클라리넷을 가르치면 좋겠다고 했지만, 잘 불 수 있는지를 확인한 다음에 악기를 정하기로 했다. 완이는 일단 피아노를 하다가 나중에 클라리넷이 맞는지 알아보기 위해 멜로디언을 시작했다.

학생들과 어머니들을 만난 후 나는 혼자서는 안 되겠다 싶었다. 다른 악기도 지도해 줄 선생님들이 필요해서 박 장로님께 따로 자원봉사 선생님 모집 광고를 부탁드렸다.

광고가 나간 후, 신청 학생들과 봉사자 선생님들의 지원이 늘어났다. 그래서 그 다음 주일부터는 챔버로 섬겼던 주일 3부 예배 후에 본당에서 어머니들과 자원봉사 선생님들을 인터뷰했다. 무슨 전문가도 아닌데 내가 손수 만든 신청서에 이것저것 적으며 어머니들과 상담했다. 신청 악기는 주로 피아노였다. 갈수록 지원자가 많아지면서 주중에는 사랑챔버를 신청한 어머니들과 자원봉사 선생님들을 연결하는 것이 나의 주된 임무가 되고 말았다.

나는 그저 취미로 바이올린을 배우고 싶은 한두 명의 장애인을

90. 5.16. 등록완료

온누리 장애우 음악교실

장애우 신청서

· 성명 : 박혜신   성별 남 / 여

· 생년월일 : 1984년 2월 19일

· 주소 : 서울 양천구 신정6동 목동⒜ 802동 1303호

· 연락처 :

· 학교/학년 : 목동 중학교 1학년
  직장 :

· 출석 예배 : 9시 사랑부 예배

· 희망 악기 : 바이올린   초보 / 경험 있음 / 악보 읽기 가능

· 장애 및 기타사항 : 학습 장애

황리원

이혜인

온누리 장애우 음악교실

장애우 신청서

- 성명 : 김지원   성별 (남)/ 여
- 생년월일 : 89. 2. 19
- 주소 : 용산구 용산2동 26-14

- 연락처 :

- 학교/학년 : 미아 초등학교 4학년
  직장 :
- 출석 예배 : 사랑부

- 희망 악기 : 바이올린   (초보)/ 경험 있음 /악보 읽기 가능
                        piano   X
                        beginner
- 장애 및 기타사항 : 다운 증후군

받을 생각이었지만 하나님의 인도하심은 그것과 아주 달랐다.

처음에는 자원봉사 선생님이 부족해서 학생들마다 개인 레슨을 바로 시작하지 못해 발을 동동 굴렀다. 급한 마음에 지인들한테 부탁해 보기도 했지만, 이상하게도 그분들은 여러 가지 사정으로 오래가지 못하고 중도에 포기했다. 하나님이 합당한 선생님을 붙여 주시기 전까지는 나도 바빴기 때문에 자원봉사 선생님이 없어도 어떻게 할 수가 없었다. 그래서 학생들은 어쩔 수 없이 새로운 선생님이 신청할 때까지 기다려야 했다.

그 과정을 통해 나는 하나님의 일을 할 때는 하나님께서 사람을 붙여 주신다는 것을 절실히 깨닫게 되었다. 이후 하나님은 선생님들을 붙여 주셨는데, 그 중의 여러 명이 나의 제자들이고, 나와 함께 예배를 섬겼던 챔버 단원들이었다. 놀라웠다.

사실 나는 내가 한국에서 살게 되리라고는 꿈에도 생각해 본 적이 없다. 세 살 때부터 홍콩에서 산데다 대학과 대학원까지 미국에서 나왔으니, 한국은 내게 너무나 낯선 땅이었다.

내가 한국에 남게 된 것은 순전히 박사학위 때문이었다. 예일 대학원은 박사학위를 주는 체계가 다른 대학원과는 조금 달랐다. 박사논문을 쓰고, 논문 디펜스(defense)와 구두시험을 모두 통과한 후에도 강의와 연주 활동 경력이 반드시 있어야 박사학위를 받을 수 있었던 것이다.

나는 논문이 통과된 후 잠시 서울을 방문했다가 1990년 8월 13일 홍콩으로 돌아갔다. 그런데 다음날 한국에서 전화가 왔다. 한국의 한 대학교에서 비록 한 학기지만, 대타로 실내악 강의를 할 수 있겠느냐고 했다. 당연히 '예스'였다. 그 다음날, 8월 15일 광복절에 6개월 시한부 체류를 계획하고 나는 다시 한국에 돌아왔다. 그러나 그것이 한국 정착 생활의 시작이 될 줄은 당시에는 전혀 짐작도 못했다. 얼떨결에 미국에 있는 언니와도 홍콩에 있는 부모님, 남동생과도 떨어져 한국의 큰외삼촌 댁에 머물게 된 나는 그 한 학기 강의 이후 줄곧 한국에서 강의 활동을 하게 되었다. 그러다가 사촌오빠의 권유로 온누리교회에 출석했다.

온누리교회에 간 첫날, 본당 계단을 올라갈 때부터 나도 모르게 눈물이 펑펑 쏟아졌다. 익숙한 찬양이 들려 왔다. 〈전하세 예수 1집〉에 있는 찬양들이었다. 내가 미국에서 공부하면서 테이프가 늘어지도록 들었던 그 찬양들을 여기서도 듣게 될 줄이야! 나도 모르게 탄성이 나왔다.

'찬양이 살아 있는 교회구나!'

교회에 등록해야 한다는 것도 모르던 때여서, 그저 교회만 열심히 다녔다. 그러다가 등록을 하고 나서 챔버팀으로 3부 예배를 섬기면서 제자양육을 받게 되었다.

한국 토박이인 남편을 만난 것도 신기한 일이다. 남편의 첫 해외여행이 나의 박사학위 수여식 참석 겸 우리의 신혼여행이었을 만큼 그는 한국에서 나고 자란 전형적인 한국 사람이었다. 영어가 더 편한 1.5세대인 내게 지금도 사람들은 묻는다.

"한국에서 사는 거 답답하지 않으세요? 적응하기 힘들지 않으세요?"

다들 내가 한국에서 뿌리 내리고 살 수 없을 거라고 생각한 것일까? 나는 한국에서 음악 활동을 하면서 가끔 하나님의 뜻을 헤아려 보았다. 내게 바이올린을 가르쳐 준 선생님도, 음악 공부를 함께 했던 친구들도, 유치원 동창생조차 없는 이 낯선 한국 땅에 하나님은 왜 나를 심으셨을까? 더구나 인맥이 곧 경쟁력이라는 이 땅에서 바이올리니스트로, 음악 선생으로 제대로 평가를 받지 못하는 것 같아 속이 상했다.

사실 나는 음악 공부를 하면서 교수가 되겠다는 계획을 세워 본

적이 없다. 다만 연주자로서 다음 단계를 향해 발을 내딛다 보니 박사 학위까지 받았을 뿐이다. 그런데 사람들은 자주 이렇게 물었다.

"어떻게 아직 전임교수가 안 되셨어요?"

주변에서 마치 전임교수가 나의 목표이기라도 한 것처럼 이렇게 물을 때면 나는 괜히 비교의식이 생겼다. 더구나 제자들이 유학 생활을 마치고 오자마자 박사학위도 없이 겸임교수 자리라도 꿰찰 때면 할 말을 잃곤 했다.

그때마다 대학원 시절이 떠올랐다. 스탠포드 대학에서 나는 '동양에서 온 콩알만한 학생'으로서 학부 1학년 때부터 졸업할 때까지 대학교 교향악단 악장을 맡았다. 그런데 예일 대학원에 오니 상황이 달라졌다. 그야말로 바다에 나온 피라미가 된 기분이라고 해야 할까. 쟁쟁한 실력자들이 너무 많았다.

학기 초 필수과목인 오케스트라 수업을 위해 오케스트라를 구성할 때였다. 오디션에서 무척 잘한다는 칭찬을 받고 우쭐했는데, 막상 오케스트라가 구성되고 자리를 배정받고 보니 절망하지 않을 수 없었다. 내 자리는 제2바이올린인데다 거의 뒷자리였던 것이다.

연주자들 사이에서 제1바이올린 자리에 앉느냐, 제2바이올린 자리에 앉느냐는 꽤 민감한 사안이다. 연주 실력이 공개된 것이나 다름없었기 때문이다. 나는 분했다. 한 학기를 참고, 그 다음 학기도 참았다. 지휘자로부터 "저~ 뒤에 있는 학생, 꽤 잘하는군" 하는 칭찬도 받았건만, 어떻게 이처럼 홀대받는 자리가 내 자리일 수 있단 말인가. 나는 인정할 수가 없었다.

당시 예일 대학원에는 스탠포드 대학에서 옮겨 온 이론 교수님이 있었는데, 나를 무척 예뻐했다. 내가 피자집에서 울면서 그 교수님께 나의 심정을 토로하자 최선을 다해 나를 위로해 주었고, 실기 지도 교수님을 찾아갈 용기도 주었다.

"오디션 때 심사하셨던 지휘자 분이 저한테 아주 잘한다고 하셨어요. 뭔가 착오가 있었던 것 아닐까요? 저는 지금 배정된 자리보다 확실히 더 잘한다고 생각하는데요…."

용기를 내어 찾아간 실기 지도 교수님은 나의 당돌한 질문에 혼내시기는커녕 오히려 기특해했다.

"You're human!"

교수님은 지휘자를 불러 내가 재오디션을 볼 수 있도록 주선해 주었다. 정당한 평가를 받는 것만으로 만족하리라 마음먹었지만, 놀랍게도 지휘자는 나를 제1바이올린 자리에 앉혀 줬을 뿐만 아니라 악장까지 맡겨 주었다! 내 연주 실력을 알아준 순간이었다!

그때처럼 나는 억울했다. '과연 한국에서 내 실력을 인정받을 수 있을까' 하는 의구심이 들 때마다 마음이 답답했다. 나는 전임교수가 되는 것보다 공정한 평가를 받고 싶을 뿐이었다. 그런데 하나님은 왜 나를 제대로 인정받지도 못하는 이 한국 땅에 붙잡아 두신 걸까? 나는 그것이 늘 궁금했다.

1999년 말, 한 음악대학에서 바이올린 실기 지도교수 공채가 있었다. 나도 응시해 인터뷰까지 봤지만, 임용되지 못했다. 기대한 만큼 실망도 컸던지 어느 날 나는 평소처럼 운전하면서 찬양을 크게 틀어 놓고 혼자서 부흥회를 가졌다. 기도가 저절로 나왔다. 그날 하나님은 내게 이런 말씀을 하셨다.

"I have something better in store for you!"
(내가 너를 위해 더 좋은 것을 남겨 놓았다!)

나에게 교수보다 더 좋은 것이 있다는 말인가?

그리고 몇 년 후 실내악 지도교수 공채 공고가 났다. 그것을 본 나는 '맞아! 실기 지도가 아니고 실내악 지도 하라고 하나님께서 준비해 두셨나 보네' 하고 또 인터뷰 단계까지 갔다. 황당하게도 이번에는 아예 아무도 뽑지 않은 채 허무하게 끝나고 말았다. 그렇다면 도대체 더 좋은 것이 무엇이란 말인가?

그런데 요즘은 하나님이 준비하신 더 좋은 것이란 바로 사랑챔버가 아닌가 하는 생각이 든다. 사랑챔버를 섬기면서 나는 비로소 하나님이 나를 한국에 정착시킨 이유를 알게 되었다. 내가 만약 한국에서 뿌리를 내리고 생활하지 않았다면, 찬양이 살아 있는 온누리교회에 오지 않았다면, 한국 토박이 남편을 만나지 않았다면, 더구나 일찍이 어느 대학에 전임교수라도 되었다면, 지금처럼 사랑챔버를 꾸준하게 이끌어 갈 수 있었을까? 단언컨대 못했을 것이다. 그리고 대학교에서 내게 음악을 배운 제자들과, 10년 동안 함께 주일 3부 예배를 섬겼던 챔버 단원들, 5년 동안 양재 여성 챔버 'blossom'으로 섬겼던 동료들을 자원봉사 선생님들로 만나지 못했을 것이다. 이것이 바로 하나님께서 나를 한국에 심어 놓으신 이유가 아닐까 싶다.

러시아 성 페테르부르크 방송교향악단과의 리허설

04
엄마의 하나님,
나의 하나님

그날 내 엄마의 하나님은 마침내 나의 하나님이 되셨다! 그렇게 간절하게 원했던 사인을 드디어 나도 받은 것이다. 하나님은 비로소 이제 '내가 너를 사용하겠다'고 말씀하시는 듯했다. 그때까지만 해도 나는 이 아이들에게 음악을 가르치는 일이 내게 얼마나 큰 영향을 미칠지 상상조차 하지 못했다.

사랑챔버

단원들을 가르치면서 깨달은 것이 또 하나 있다. 하나님의 사역은 '내가 하나님을 위해 일하겠다'고 혼자 애써서 되는 것이 아니라는 사실이다. 하나님의 일은 철저하게 하나님이 하셨다. 우리는 그저 그분이 사용하기 원하시면 도구가 될 수 있을 뿐이다.

예수님을 만나기 전 '사역'이라는 단어는 나에게 해당하는 것이 아니었고, '봉사'는 시간 나면 하는 좋은 것 정도로 생각했다. 그러나 봉사하면서도 나는 늘 이런 고민을 했다.

'엄마의 하나님이 과연 내 하나님이기도 한가?'

어렸을 때 나는 교회 가는 사람이 '착한 사람이다'라는 생각에 엄마를 따라 열심히 교회를 다녔다. 하지만 하나님의 말씀을 체계적으로 공부하기 시작한 것은 대학원에 들어가고 나서부터였다. 대학원 시절, 성경 공부를 시작하면서 예수님에 대한 지식을 쌓아 나갈 수 있었지만, 하나님에 대한 엄마의 그 뜨거운 사랑은 내게 없었다.

한국에 정착해 살면서 출석하게 된 온누리교회에서 일대일제자양육을 받고 있을 때였다. 1991년 올림픽경기장에서 열린 '경배와 찬양' 집회에 갔다가 놀라운 광경을 목격했다. 중학생쯤 되어 보이는 단발머리 소녀가 대형 화면을 통해 비쳐졌는데 놀랍게도 박수를 치면서 방언으로 기도하고 있었다.

'저렇게 어린 나이에도 방언을 하네!'

어느 날 친정 엄마가 방언으로 기도하는 것을 듣고 너무 낯설어서 거북하기까지 했던 기억이 났다. 하지만 그 소녀의 평화롭고 기쁨에 찬 얼굴은 '나도 방언으로 기도하고 싶다'는 소망을 갖게 만들었다.

언젠가 하 목사님이 설교 중에 회개하여 그릇이 깨끗이 준비된 사람만이 좋은 선물을 받을 수 있다고 했는데, 나도 성령님을 체험하고 싶었다.

그때부터 나는 혼자 자동차를 운전할 때면 모든 창문을 굳게 닫고 큰소리로 찬양하고 기도하는 나만의 부흥 집회를 여는 습관이 생겼다. 천국에서나 볼 수 있는 소녀의 얼굴을 떠올리면서 말이다.

그로부터 1년여쯤 후 안식년을 다녀온 하 목사님이 '성령집회'를 열겠다고 선포했다. 지금 생각해도 당시 집회는 굉장했다. 복도는 물론이고, 강대상 주변과 챔버의 보면대들 사이사이까지 빽빽하게 사람들로 메워졌다. 나는 다행히 챔버 단원이라는 특권 때문에 언제나 설교자가 가장 잘 보이는 맨 앞자리에 앉을 수 있었다. 나는 소녀의 얼굴을 떠올리며 내게도 그 같은 성령 체험이 일어나기를 간절히 바랐다. 하지만 첫째 날도 둘째 날도 아무 일도 일어나지 않았다.

마지막 셋째 날이 되었다. 간증 시간에 당시 《막 쪄낸 찐빵》이라는 베스트셀러를 낸 카피라이터 이만재 집사님이 어느 의학 잡지에 실린 글의 한 토막을 읽어 주었다. 예수님이 십자가에 달리셨을 때 의학적으로 어떠한 신체적 고통이 있었는지를 설명한 기사였다.

"손목은 중추신경이 지나가는 곳인데, 로마 병정들은 예수님의 손목을 십자가에 못 박았습니다. 십자가에 매달리면 자연히 체중 때문에 몸이 처지는데, 십자기에 달리신 예수님이 숨을 들이쉬려면 가슴을 들어야 했을 것입니다. 그러면 중추신경이 지나는 손목과 발목에 박힌 대못 때문에 극심한 고통을 느끼셔야 했을 것입니다. 숨을 쉬지 않을 수도 없고, 숨을 쉬면 상상할 수 없는 고통을 느껴야 했던 것입니다. 예수님이 받으셨던 고통이 얼마나 끔찍했는지는 인간의 말로 충분히 설명할 수 없습니다."

'예수님이 십자가에서 그렇게 끔찍한 고통을 당하셨다고?…'

나는 그때까지 예수님의 신성만 알았지 인성은 몰랐다. 예수님은 하나님의 아들이니까 죽었다가 살아나는 일이야 대수롭지 않다고 생각했던 것이다. 당연히 십자가에 달린 고통조차 의식에서 무시하고 있었다.

집회 때 보통은 설교가 끝나고 통성으로 기도를 하는데, 그날따라 목사님은 설교 중에 이렇게 말씀했다.

"성령님을 체험하고 싶으신 분은 다 일어나십시오."

빨리 일어나야 하는데, 악기 때문에 일어날 수가 없었다. 마음이 급해졌다. 나만 그렇게 여긴 것은 아닌지 챔버 단원 중에 어떤 권사님이 말씀했다.

"피아노 뚜껑을 덮고 피아노 위에 악기를 올려놓읍시다!"

나도 다른 챔버 단원들처럼 악기를 피아노 뚜껑 위에 올려놓고, 자리에서 일어섰다. 두 손을 번쩍 들었다.

"하나님, 감사합니다! 저를 사용해 주세요!"

〈바람〉 박혜신 그림

"하나님, 감사합니다! 저를 사용해 주세요!"

    기도하는 동안 이만재 집사님이 읽었던 내용이 떠올랐다. 그리고 모든 것을 용납하시는 밝고 온화한 모습의 예수님이 내게 다가오셨다. 그 순간 예수님의 인성이 머리가 아니라 가슴으로 느껴졌다. 그러자 나를 위해 십자가에 달리신 예수님의 사랑이 가슴으로 이해되었고, 내가 지금 당장 죽어도 '천국에 갈 수 있다'는 확신이 생겼다.
    그때 2층 저 멀리서 바람이 불어 왔다. 두 손을 든 채 몸이 뒤로 넘어갈 뻔하다가 그 바람이 내 영혼을 감싸 안는, 생령을 불어 넣는 듯한 너무나 따뜻한 바람. 아, 나는 그것이 성령의 바람이라는 것을 직감적으로 알아차렸다. 그리고 곧이어 "하나님, 감사합니다! 저를 사용해 주세요!"가 방언으로 터져 나왔다. 내 혀는 내 뜻과 상관없이 돌아갔고, 내 마음속으로는 단 두 마디 기도가 계속되었다.

"하나님, 감사합니다! 저를 사용해 주세요!"

그날 내 엄마의 하나님은 마침내 나의 하나님이 되셨다! 그렇게 간절하게 원했던 사인을 드디어 나도 받은 것이다. 나의 방언 기도는 가라앉지 않았다. 기도 시간이 끝나자, 어느 분이 내 어깨에 손을 살며시 얹어 주어서 간신히 방언 기도를 멈출 수 있었다. 얼마나 놀라운 경험이었는지, 아직도 기억이 생생하다.

물론 그날 이후로 내가 금방 성숙한 크리스천이 된 것은 아니다. 대단한 능력을 받은 것도 아니다. 다만 분명하게 달라진 점이 하나 있다. 택시를 타도 어느 모임에 가도 '저 분이 예수님을 영접하셨을까?' 궁금해지고, 한 영혼에 대한 사랑이 간절해졌다는 사실이다.

성령집회 당시 마침 일대일에서 '성령' 챕터를 다루고 있었는데 나를 양육해 주는 권사님이 이런 말을 했다.

"하나님이 성령 체험을 주시는 것은 하나님의 일을 하라고 주시는 것 같아요."

정말 맞는 말이다. 일대일제자양육 교재를 봐도 '성령' 다음의 주제가 '사역'이다. 우연찮게도 그해 11월부터 소마 트리오 활동이 시작되었다. 첼리스트 배일환 씨, 피아니스트 이민정 씨가 예일 대학원을 졸업하고 한국에 돌아오면서 자연스럽게 꾸려졌다. 그들은 내가 예일 대학원 시절에 섬기던 뉴헤이븐(New Haven) 한인교회에서 만나 함께 실내악 수업을 듣기도 했던 동료였다. 우리는 트리오로 예배 봉사를 하면서 'Body Trio'로 통했다. 세 사람의 성씨가 각각 '손', '이'(치아), '배'로 신체 부위를 가리켰기 때문이다. 그래서 우리 팀명을 헬라어로 '예수 그리스도께서 부활하신 몸'을 뜻하는 '소마'(σῶμα)로 정했다.

사랑챔버 아이들을 만나기 전만 해도 나는 소마 트리오 멤버로서 그리고 주일 3부 예배 때 챔버로 하나님을 섬기는 것이 하나님이 나에게 시키신 일이라고 생각했다. 그런데 하나님의 계획은 그게 전부가 아니었다. 하나님은 비로소 이제 내가 너를 사용하겠다고 말씀하시는 듯했다.

그때까지만 해도 나는 이 아이들에게 음악을 가르치는 일이 내게 얼마나 큰 영향을 미칠지 상상조차 하지 못했다.

05
코드 맞추기

민수가 CD를 들으며 공부해 온 것을 고치려고 하기보다는 민수와 함께 많은 바이올린 곡을 맛보고 훑어보는 방향으로 바꿨다. 민수는 어느새 어머니가 어깨에 손을 올려놓지 않아도 안정을 찾았고, 조퇴를 부르짖지 않을 만큼 나와의 레슨을 즐겁게 마칠 수 있었다.

민수는 시각 장애와 자폐증을 가진 중복 장애인이다. 어려서부터 음악을 좋아해 연주 CD를 모으는 게 취미이고, 재즈 피아노와 색소폰 연주를 썩 잘한다. 세 살 때부터 피아노에서 익숙한 멜로디를 골라 낼 줄 알았고, 어느 할아버지 선생님께 바이올린을 배우고 있었다.

박 장로님 소개로 민수가 나와 함께 우리 집에서 일대일 무료 레슨을 시작했을 때였다. 내가 한 소절을 연주해 주었더니, 금세 따라 했다. 음을 들을 수 있는 천재적인 귀를 갖고 있는 게 분명했다. 하지만 나는 민수를 만날 때까지만 해도 자폐증이 무엇인지 잘 몰랐다.

1999년은 유난히 바쁜 해였다. 대학 강사와 한국페스티발앙상블 실내악 연주와 소마 트리오로 연주 활동을 하는 것은 예전부터 해 온 일이지만, 서울시립교향악단과 협연할 기회가 생겼고, 소마 트리오 앨범도 내기로 했다. 게다가 사랑챔버 활동도 시작했으니….

그래서 이런저런 이유로 매주 월요일 2시에 레슨을 하기로 한 민수와의 약속을 지키지 못할 때가 많았다.

"민수 어머니 죄송한데요, 오늘은 4시에 레슨하면 안 될까요? 죄송해요."

"아… 네…."

나중에 알게 된 사실이지만 자폐가 있는 아이들은 약속 시간을 어기는 것은 물론이고 규칙이나 질서를 흐트러트리는 것을 가장 못 참는다. 그런데 자폐증의 특성을 전혀 몰랐던 나는 너무 바쁠 때는 민수와의 약속을 미룰 수 있다고 생각했다. 그러니 민수와의 레슨이 순조로웠을 리 만무하다. 민수는 잘 따라오는가 싶다가도 바이올린을 내던지며 소리쳤다.

"조퇴할 거야!"

체구가 큰 민수가 껑충껑충 뛸 때면 아파트 건물이 다 흔들렸다. 나는 그저 옆에 있다가 내 비싼 바이올린이 부서질까봐 조마조마하며 어머니도 말릴 수 없는 민수를 지켜보아야 했다.

"다음 주에는 그러면 안 돼~."

레슨을 급하게 접고 기도로 마무리하면서 그렇게 다짐했지만, 다음 주에도 상황은 똑같았다. 나는 여전히 두려워 떨고, 민수는 여전히 '조퇴'를 외쳤다. 악기가 날아갈 뻔하고 어머니가 확 밀쳐지고, 위험한 순간들이 얼마나 많았는지 모른다. 나중에는 몇 음을 짚어

주다가도 '오늘 또 그러면 어쩌지?' 하고 불안한 맘이 들었다.

어머니 말로는 민수가 사춘기 때문인지 아니면 스트레스를 받아서 그럴지도 모른다고 했다. 민수는 어려서부터 음악 CD를 무척 좋아했는데, 그날 구하고 싶은 CD를 못 구했다든지, 누나가 오기로 한 날인데 오지 않았다든지 하면 유난히 예민해진다고 했다. 장애가 없는 아이들도 당연히 '오늘은 레슨 받기 싫다' 하며 꾀부리고 싶은 마음이 충분히 생길 수 있는데, 민수는 조퇴할 거라는 표현을 그런 방법으로 강조할 수밖에 없었는지도 모른다.

레슨을 제대로 해 보지도 못하고 번번이 조퇴하게 되자, 혹시 내가 민수에게 집중하지 못해서 민수가 저렇게 행동하는 게 아닐까 하는 죄책감이 들기 시작했다. 민수가 고집을 부리기 시작하면 민수를 가장 잘 다루는 민수 아버지가 사무실에서 일하다 말고 쫓아와야 해서 그것도 너무 미안했다.

민수가 레슨을 받는 동안 어머니는 민수 어깨에 손을 얹고 있어야 했다. 앞을 볼 수 없는 민수를 위해 '엄마가 옆에 있으니 걱정하지 마'라는 뜻이었다.

"오늘은 끝까지 잘해 보자."

언제나 레슨을 시작하면서 민수 어머니와 나는 기도하는 마음으로 이렇게 말했다. 하지만 우리의 바람과 달리 민수 아버지가 달려오는 상황까지 전개될 때면 나는 몸 둘 바를 몰랐다.

민수가 제일 싫어하는 벌은 한강에서 줄넘기를 하는 거였다.

"너 한강에 갈 거야?"

아버지가 물으면 민수는 큰 목소리로 말했다.

"안 갈 거예요!"

그렇게 아버지 꾸지람을 듣고서야 민수는 겨우 흥분을 가라앉혔다. 물론 어느 날은 민수 아버지도 민수를 진정시키지 못할 때가 있었다. 그 날은 민수가 고집을 부리기로 작정한 날이다. 그러면 민수 아버지는 내게 거듭 말했다.

"죄송합니다, 죄송합니다."

나는 그 사과를 받아들이기가 너무나 죄송스러웠다.

민수네 가족이 돌아간 후 나는 거실 소파에 주저앉아 엉엉 울었다. 당시 둘째를 임신 중이어서 이런 상황이 태아에게 영향을 미칠까봐 더 조심스럽기도 했다.

음악은 아이들이 삶을 즐기기 위해서 하는 것인데 내가 뭘 잘못하고 있는 걸까? 내가 너무 기도 없이 지도하고 있는 건가?

"이럴 때는 도대체 어떻게 해야 하나요?"

나는 하나님께 투정을 부렸다. 하지만 나는 그런 순간들을 참아 내야 했다. 그걸 참아 내었기 때문일까. 내가 스케줄을 바꾸지 않고 민수에게 집중해서일까. 아마 내게 익숙했던 지도 방식을 조금 포기하고 양보한 덕분이었는지도 모른다. 민수가 CD를 들으며 공부해 온 것을 고치려고 하기보다는 민수와 함께 많은 바이올린 곡을 맛보고 훑어보는 방향으로 바꿨다.

민수는 어느새 어머니가 어깨에 손을 올려놓지 않아도 안정을 찾았고, 조퇴를 부르짖지 않을 만큼 나와의 레슨을 즐겁게 마칠 수 있었다. 민수는 워낙 음악에 뛰어난 재능을 타고나서 하루가 다르게 연주 실력이 늘어났다. 점점 고난도의 곡들도 소화할 수 있게 되었다. 물론 옛날 방식으로 한 음 한 음 고치려 들려면야 한도 끝도 없겠지만, 한 곡을 끝까지 배울 수 있게 되었다는 것이 중요했다.

민수는 나와 함께 연주하는 것을 좋아해서, 레슨을 할 때도 함께 연주하는 방식으로 한다. 매주 보통 두 악장씩 새로 공부하는데, 민수는 악보를 볼 수 없으니 CD를 들으면서 아무리 긴 악장이라도 다 외운다. 들려주고 고쳐 주고 다시 하는 방법 대신 처음부터 끝까지 논스톱으로 함께 연주한다. 함께 연주를 하다가도 악보를 넘길 때가 되면 "어, 민수야 잠깐만!" 하고 외쳐야 하는데, 학생은 악보를 통째로 외우고, 선생은 오히려 악보를 봐야 하는 상황이 코미디 같아서 혼자 웃을 때가 많다.

레슨이 끝날 때면 우리가 반드시 치르는 '의식'이 있다. 그것은 마치 예배의 송영처럼, 민수와 나의 레슨 송영과도 같다. 먼저 민수가 예수사랑부에서 배운 대로 기도 멘트를 한다.

"자, 이제 우리는 한 주간 동안 열심히 맡겨진 일에 충성하면서 하나님의 은혜로 잘 살고, 서로 사랑하는 마음과 그리워하는 마음으로 매일 매일 기도 속에서 만나고요. 환한 웃음과 보고 싶었던 얼굴로 기쁘게 다시 만나요. 바이바이~~."

여름이면 "무더운 여름을 이겨 내고…" 식으로 마치 DJ처럼 계절에 맞는 멘트로 멋지게 바꾸기도 한다. 그러면서 우리는 함께 주기도문으로 레슨을 마친다. 그리고 마지막으로 민수의 선포식이 이어진다.

> "선생님, 14일은 하루 **쉬고!**(가끔 민수가 혼자서 방학을 선포해 버릴 때가 있다.) 17일 8중주 연주와 21일 광화문 레슨, 그리고 22일 전체 모임 때 만나요!"

자폐증을 가진 민수는 이번 달에 확정된 일정을 다시 한 번 확인받고 싶은 것이다. 그러면 나도 똑같이 말해 주어야 한다.

> "그래 민수야, 14일은 하루 **쉬고!** 17일 8중주 연주와 21일 광화문 레슨, 그리고 22일 전체 모임 때 만나요!"

그제야 민수는 집으로 돌아간다. 처음에 이런 대화법을 몰랐던 나는 민수가 "언제 언제 만나요!" 하기에 "그래" 하고 대답했다가 낭패를 보기도 했다. 다시 처음부터 "14일은 하루 **쉬고!** 17일 8중주 연주와 21일 광화문 레슨, 그리고 22일 전체 모임 때 만나요!"를 계속 외쳐댔다. 민수는 자신이 말한 방식으로 내가 따라서 말해 주어야 안심을 했던 것이다. 처음에는 민수의 행동을 이해할 수 없었으나, 시간이 지날수록 마치 구약성경이 같은 문장을 되풀이해서 명확하게 사실 전달을 하는 것처럼 자연스럽게 받아들여졌다.

  이렇게 민수와 나는 서로 코드를 맞추고 적응해 가면서 하나님 안에서 성장해 갔다.

박민수와 어머니
어느 대기실 창가에서

06
너는 타잔, 나는 제인

어머니들은 자폐증을 가진 아이들이 한 사람의 지휘에 집중해서 악기를 연주한다는 것 자체가 기적이라고 했다. 하지만 아이들을 가르치는 일은 쉽지 않았다. 사랑챔버에서의 지휘는 지휘라기보다 거의 암호에 가깝다. "헐렁헐렁! 둥글둥글!" 나는 뼈 없는 사람처럼 팔을 이리저리 둥글둥글거리며 지휘한다.

한번은 바이올린을 지도하는 황지원 선생님이 나를 보자고 해서 만났다.

"더 이상 혜신이를 못 가르칠 것 같아요. 학습장애가 있으니 의사소통도 어렵고, 기초부터 하자니 아이가 끈기 있게 따라오지 못하고, 포기하자니 안 그래도 상처 많은 아이와 어머니에게 또다시 상처를 주는 것 같아 두려워요."

선생님의 마음을 백분 이해하고도 남았다. 나 역시 매 순간 그런 한계를 느끼니까. 아이들을 가르치는 일은 보람 있는 일이긴 하지만, 매번 두렵고 떨리는 일이다. 더구나 우리는 장애인을 돕겠다는 마음만 있을 뿐 특수교육에 대해서는 문외한이었다.

타인과의 교류가 어려운 것이 발달장애인의 특징 중 하나다. 그들에게 사람과 사람 사이의 기본적인 에티켓을 기대하기란 어렵다. 게다가 지난주에 배운 것을 오늘 처음 배우는 것처럼 행동할 때는 정말 절망스럽다.

다행히 선생님은 혜신 어머니의 지혜로 한 고비를 넘길 수 있었다.

"마음 편히 가지세요. 얼마큼 배우고 가르쳐야 한다는 생각을 버리시고, 그저 5분만이라도 혜신이가 재미있게 바이올린을 배울 수 있으면 돼요. 나머지 시간에는 혜신이가 좋아하는 찬양곡을 선생님이 직접 들려주시면 혜신이가 정말 좋아할 거예요. 혜신이가 바이올린을 즐길 수만 있게 해 주세요."

혜신 어머니의 말은 내게 많은 생각을 하게 해 주었다. 빨리도 아니고 잘하는 것도 아니고 오로지 즐기는 것이 음악을 하는 목적이라는 평범한 사실을 다시금 깨닫게 해 준 것이다. 그후 나는 '느린 속도'에 낙심하지 않고, 한 곡 한 곡, 한 음 한 음 차근차근 익히면서 아이들과 시간 보내는 것을 즐기게 되었다.

 손 모양으로 눈높이에 맞춰 주세요

바이올린을 배우기로 한 다운증후군을 가진 지원이와 처음으로 일대일 레슨을 시작했다. 그러나 시작부터 쉽지 않았다.

"지원아, 선생님 따라해 보세요."

그러면 지원이는 이렇게 말했다.

"선.생.님. 따.라.해.보.세.요."

나는 동작을 보여 주면서 다시 말했다.

"이렇게 해 보세요."

그러면 지원이는 또 이렇게 말했다.

"이.렇.게. 해.보.세.요."

지원이는 '너'와 '나'를 구분하지 못하고, '선생님'처럼 불필요한 말까지 따라했다. 지원이와 나는 마치 만화영화 〈타잔〉에서 '타잔'과 '제인' 같았다. 제인이 타잔을 처음 만난 날 이렇게 말한다.

"너는 타잔, 나는 제인."

그러면 타잔은 너와 나를 구분하지 못해서 이 말을 그대로 따라

황지원 선생님
손 모양으로 연습 지도

한다. 그때 표정이 일그러지는 제인처럼 나도 의사소통이 되지 않아 답답했다.

도움을 받기로 했다. 우리 교회 사랑부 코치님께 특강을 부탁드렸다. 자원봉사 선생님들과 교회 지하 식당에 모여 강의를 들었다. 강의 중에 사랑부 코치님은 아이들에게 기타 연주를 시킬 때 아이들이 쉽게 따라할 수 있도록 2줄만 남겨 놓은 기타를 사용하기도 한다고 했다. 나는 눈이 번쩍 뜨였다.

그후 나는 말 대신 지원이의 손으로 직접 짚어 주며 레슨을 했다. 나중에는 급한 마음에 오른손으로는 활을 잡아 주고 왼손으로는 사인을 해서 소통을 했다. 마치 외국인과 말이 통하지 않을 때 손짓 발짓으로 하면 의사소통이 이루어지는 것처럼, 우리는 말이 아니라 손 모양으로 의사소통을 하게 된 것이다.

그래서 한 줄을 긋는 연습을 먼저 시킨 다음(왼손가락은 전혀 사용하지 않고 개방현으로) 옆줄로 건너가는 사인을 손 모양으로 하게 되었다. 손바닥 모양은 '레' 줄, 손가락을 집게처럼 오므리면 '라' 줄, 이렇게 두 줄만 왔다갔다 하도록 연습시켰다. 나중에는 악기를 배운 지 얼마 되지 않는 아이들도 두 가지 손 모양만 익히게 되면, 멜로디 반주 화음에 참여시켰다. 아이들은 열심히 내 손 모양을 지켜보면서, 다 같이 연주할 때는 마치 자기가 이렇게 풍성한 소리를 내고 있다는 행복한 '착각' 속에서 멋진 화음을 냈다.

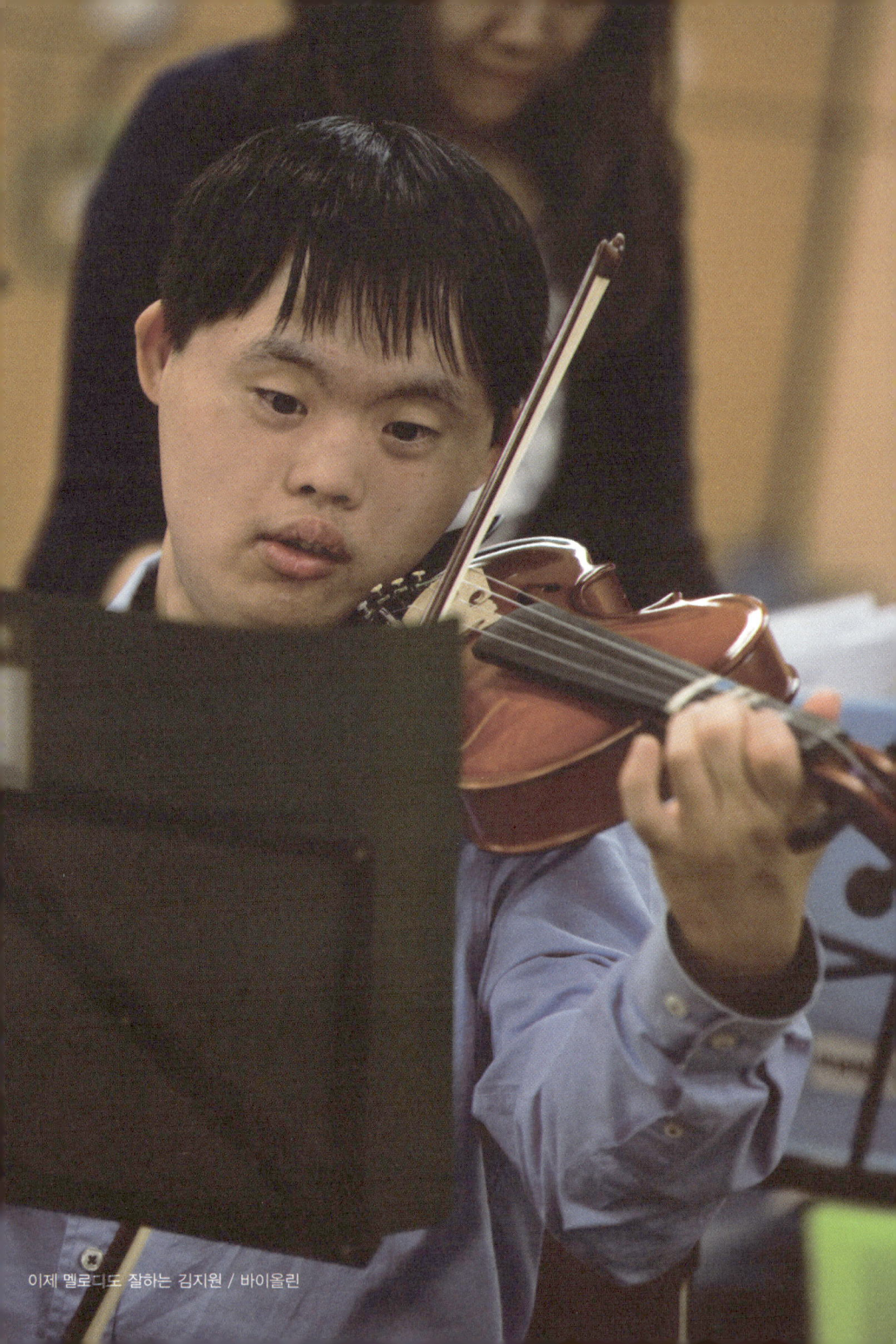

이제 멜로디도 잘하는 김지원 / 바이올린

 **손가락으로 토도독,
말 대신 쓰다듬어 주세요**

아이들은 사랑챔버에 오는 것을 좋아했다. 일주일에 한 번은 각자 담당 선생님께 개인지도를 받고 격주로 모여 합주로 챔버 연습을 하기로 했는데 아이들은 그 시간을 즐기고 있었다. 어머니들은 자폐증을 가진 아이들이 한 사람의 지휘에 집중해서 악기를 연주한다는 것 자체가 기적이라고 했다. 하지만 아이들을 가르치는 일은 쉽지 않았다. 사랑챔버에 오는 걸 좋아한다고 해서 선생님의 말을 잘 듣는 것은 아니었다.

어떤 아이는 연습하는 내내 중얼중얼거리고, 어떤 아이는 리듬이 경쾌한 곡을 연주할 때면 흥분해서 혼자 활을 빨리 켜기도 했다. 또 어떤 아이는 연주를 하다가 갑자기 일어나서 나가 버리기도 했다. 아이들이 잘못하면 큰소리도 쳐 보고, 응급처치하듯 달려가 직접 해결해 보려고도 했지만, 오히려 아이들을 흥분시킬 뿐이었다. 이 아이들을 잘 가르치는 것은 박사학위도 소용없고, 연구한다고 될 일도 아니었다. 언제나 '이 아이들을 어떻게 하지?' 하는 고민이 떠나지 않았다.

사랑챔버에서의 지휘는 지휘라기보다는 거의 암호에 가깝다. 양쪽 새끼손가락을 올리고 쭈그려 앉으며 조용히 말한다.

"작게, 애기 활~."

그러면 아이들이 활을 조그맣게 쓴다.

"크게, 쫙쫙, 시원하게!"

그러면서 나는 과장되게 팔을 옆으로 흔든다. 그러면 아이들은 활을 크게 쓴다. 하지만 아이들이 흥분했을 때는 이것도 아무 소용이 없었다.

자폐증이 있는 지영이는 처음에 몹시 거칠었다. 활 긋는 것도 거칠어서 바이올린을 켜는 것이 아니라 마치 칼로 무를 써는 것 같았다.

"지영아, 활 부드럽게!"

지영이는 내 말을 알아듣지 못했다. 아무리 말해도 활은 차분해지지 않았다. 그러다가 지영이가 그림 그리는 것을 좋아한다는 사실을 떠올리고 그것을 활용하기로 했다.

"지영아, 색칠하듯이 둥글둥글하게 해보세요!"

지영이 어머니는 '그렇게 해서는 안 될 텐데' 하는 표정이었지만, 나는 꿋꿋하게 다시 말해 보았다. 아니나 다를까 지영이는 여전히 활을 위 아래로 삐쭉삐쭉하게 그어댔다. 연습이 끝나고 지영이 어머니의 말에 할 말을 잃고 말았다.

"지영이는요, 색칠도 거칠게 하거든요."

지영이가 어떻게 하면 활을 부드럽게 그을 수 있을까 고민하던 나는 결국 말로 가르치려는 모든 시도를 깨끗하게 포기하는 데서 출발하기로 했다. 여러 번 말하고, 강조해서 말하고, 큰소리로 말하는 것들을 그만두기로 한 것이다. 내가 정말 아이들의 성장을 원하는 선생이라면, 아이들이 이해하기 쉽게 내가 사용해 온 언어와 방식을 바꿔야 한다고 생각했다. 그런데 나를 따라오라고 말하기는 쉽지만, 내 방식을 바꾸기는 정말 쉽지 않았다. 그때 하나님이 지혜를 주셨다.

우선은 말을 하는 것이 아니라 손으로 만져서 내 느낌을 전달하는 것이다. 나는 "활을 부드럽게 쓰세요"라고 말하는 대신에 손가락으로 지영이의 손등을 가볍게 터치했다. 그런데 신기하게도 지영이가 그 사인을 금방 알아듣고 활을 부드럽게 긋기 시작했다. 천사가 매직가루라도 뿌린 것일까? 함께 있던 지영이 어머니도 깜짝 놀라는 눈치였다.

"잘했어, 지영아!"

엄지를 치켜 들어주었더니 지영이도 기분이 좋은지 웃었다. 나는 그때 나와 지영이 사이로 빛이 들어오는 것을 느꼈다. 빗장이 열리자 그 사이로 빛이 스며 들어오고 있었던 것이다. 휴~ 살았다!
나는 그때부터 지휘를 할 때 말로 길게 설명하지 않는다. 강요도 하지 않는다.

"헐렁헐렁~ 둥글둥글~"

나는 뼈 없는 사람처럼 팔을 이리저리 둥글둥글거리며 지휘한다. 그리고 긴장으로 뻣뻣해진 팔로 활을 켜고 있는 아이들의 손등을 살며시 터치해 준다. 내 뒤를 따라 천사가 매직가루를 뿌리는지 아이들의 팔은 금세 긴장이 풀리고 음이 부드러워진다. 나는 아이들이 내는 이 부드러운 음이 너무 좋다.

집 찾아갈까요?
스티커를 활용하세요

사랑챔버 아이들의 악기는 유별나다. 그러잖아도 아이들이 죄다 물어뜯어서 마치 강아지들이 하얗게 이빨자국을 내 놓은 것 같은데다가, 마치 장식이라도 한 듯 스티커가 다닥다닥 붙어 있기 때문이다. 나는 악보를 이해하지 못하는 아이들을 위해 악보와 악기와 손톱에 똑같은 색깔 스티커를 붙여 주었다. 아이들이 악보를 모르더라도, 색깔을 보고 악기를 연주할 수 있도록 하기 위해서다. 그러면서 아이들한테 말한다.

"집 찾아갈까요?"

그러면 아이들은 손톱에 붙은 스티커 색깔과 같은 색 스티커가 붙어 있는 지판을 찾아간다. 또 의자가 있을 때는 자기 의자를 잘 찾아가 앉다가도 서서 연주할 때는 자기 위치를 잘 못 찾기에 스티커로 각자의 위치를 정해 주었더니, 무대에서도 자기 위치를 잘 찾아가 섰다.

  자폐증이 있는 아이들은 규율에 엄격하기 때문에, 스티커 하나라도 아이들의 허락을 받고 떼어야 한다. 허락 없이 스티커를 떼었다가는 난리가 난다. 지영이는 자기 자리는 꼭 '분홍색'으로 해달라고 해서 핑크색 스티커는 꼭 지영이 것으로 챙겨 준다.

 **음이 길게 갈 때는
팔을 '살짝' 밀어 주세요!**

  〈나 자유 얻었네〉는 쉬운 곡 같지만 리듬이 엇박이어서 활을 켜기가 쉽지 않다. 옛날 같으면 내가 아무리 이렇게 말해도 소용이 없었다.

  "나, 자~~ 유 얻었네. 이렇게 말이야. 두 번째 음 길게 해봐!"
  "아니 또 급하게 갔잖아. 두 번째 음을 길게!"

  아이들은 절대 이해하지 못한다. 결국 아이들 옆에 지키고 섰다가 두 번째 음을 켤 때 박자를 더 길게 채우도록 활 잡은 팔을 '살짝' 밀어 주었다. 오, 신기하게도 됐다! 그 다음부터 나는 말하지 않고 아이들 옆을 지나다니면서 팔을 툭툭 밀어 주기만 하면 됐다. 요즘은 팔을 밀어 주면서 "나 자~~유 얻었네"라는 가사 대신 이렇게 덧붙인다.

"맨 밑~~으로 가요!!"

활의 손잡이 밑부분이 보이도록 길게 활을 따라 올리라는 뜻이다. 아이들은 신기하게도 이 말을 다 알아들었고, 엇박의 고통에서 해방되었다.

얼음~
땡!!

곡이 끝날 때 마지막 음을 같은 길이로 끝내기 위해 연주자들은 흔히 몇 박자로 채울지를 약속한다. 그런데 박자 감각이 떨어지는 학생도 있고 그 '몇 박자'를 각자가 다르게 생각하기 때문에 꼭 한두 명은 음을 짧게 끝내 버리기도 하고 혹은 길게 끌기도 한다.

'이럴 때는 또 어떻게 해야 하나?'

나는 어렸을 때부터 어린 꼬마 아이들과 잘 놀아 주었고, '골목대장'은 아니었지만 항상 아이들이 잘 따라서 베이비시터를 하게 되는 경우가 많았다. 아이들이 음 길이를 못 맞춰 잠시 답답해하고 있을 때 마침 좋은 아이디어가 떠올랐다.

활 긋는 동작을 똑같이 멈추기 위해 "얼음!!"이라고 외치는 것이었다. 신기하게도 "얼음!"이라는 말에 거짓말처럼 진짜 모두 얼음이 되었다! 어색한 자세를 참으면서 씩 웃으며 재미있다고 좋아하는 표정이었다.

그리고 "땡!" 하자 모두 긴장을 풀었다. 이 실험을 통해 나는 재미있는 놀이가 장애의 벽을 넘게 한다는 사실을 알게 되었다.

팀별로 모여서 연습하세요

초창기 '온누리 장애우 음악교실' 시절에는 피아노를 배우는 학생이 많았다. 하지만 합주로 함께 모여서 연습할 수 있는 기쁨을 맛

볼 수가 없어서 최대한 바이올린, 비올라, 첼로, 플루트, 클라리넷 등 오케스트라를 구성할 수 있는 악기로 배정했다.

아이들의 인원과 활동이 점점 늘어나자 우리는 '온누리장애우챔버'를 사용하다가 '온누리사랑챔버'로 이름을 바꿨다. 정말 (박우형 장로님 말씀처럼) 챔버가 되었고 음악성이 뛰어난 학생도 많이 모였다. 처음에는 여러 가지 다른 유형의 장애를 가진 아이들이 있어서 지도하기가 혼란스러울 때도 많았다.

자폐증을 가진 학생들은 반복 연습을 시켜도 전혀 지겨워하지 않고 오히려 즐거워했지만, 나머지 아이들은 반복하는 과정에서 그만 지치고 말았다. 그래도 다운증후군, 학습장애, 시각장애, 뇌성마비 등 다양한 장애를 가지고 있는 학생들이 함께 어울려서 하는 것이 더 아름답고 자연스러워 힘들지만 유형별로 따로 연습하는 것은 피했다. 그래도 팀별이나 단계별로는 나눠서 연습했다.

초보자들은 새로운 꿈으로 출발하는 꿈ing팀에 배정된다. 연습 때 여섯 번을 참관한 후 악기 배정을 받아서 처음 시작하는 이들은 악보를 전혀 읽을 줄 모르는 학생들로, 손 모양을 익히면서 화음 파트를 담당하는 훈련을 받는다. 왼손으로 멜로디를 처음으로 짚기 시작하는 신멜로디 A, B, C팀, 그리고 음을 찾아낼 줄 아는 학생들과 악보 읽기까지 가능한 학생들 중 더 많은 곡을 배우고 익히는 멜

로디팀이 있다.

그리고 교회나 외부에서 연주 섭외가 들어올 때마다 시간과 장소만 알려 주면 척척 찾아올 수 있게 잘 훈련된 연주팀(단, 온누리교회 등록 교인이어야 자격이 있다.)과 현악기로만 구성된 팀으로 정규 클래식 곡도 도전하는 8중주팀이 있다.

 박자를 지켜야 할 때는 "숨!" 하고 외쳐요!

〈야곱의 축복〉을 가르칠 때였다. 리듬이 까다롭자 아이들은 박자 지키는 법을 몰라 번번이 곡을 허물어뜨리곤 했다.

"너는~~."

이 부분에서 아이들에게 긴 음이 있은 후 미리 들어오는 것을 막기 위해 어떻게 가르칠까 하다가 "너는~ 셋넷 **숨**" 이렇게 다른 가사로 박자를 채워 가면서 지도를 해 보았다.

"여기는 '숨!' 박자를 채우는 거예요! 누가 더 크게 숨을 들이

키나 볼 거예요."

아이들이 숨을 들이키는 데 신경을 쓰느라 박자가 자연스럽게 채워졌다. 내가 "숨!" 하면 여기저기서 숨을 들이키느라 코를 훌쩍이는 소리가 났다.

박자를 가득 채워야 할 때는 활 방향대로 "아지~익", "멀리~!" 하고 팔을 쫙 뻗으며 말한다. 발달장애인들은 규칙적인 것, 반복적인 것은 잘 지키기 때문에, 박자 전에 준비할 수 있도록, 내가 가사화해서 미리 알려 주는 것이다. 또 아이들이 함께 연주할 때 박자가 벌어지는 일을 줄이기 위해서다.

하이파이브!
꼭 칭찬해 주세요

사랑챔버 아이들은 열심히 나를 따라오다가도 간간이 확인을 받고 싶어 한다. 바로 칭찬이다. 역시 칭찬은 장애인이든 비장애인이든 누구에게나 필요하고 약이 되는 모양이다.

연습이 끝나면 첼로 켜는 덩치 큰 상용이는 언제나 내 눈치를 본다. 자기가 잘했는지 확인하고 싶은 것이다. 평상시에는 눈도 잘 맞추지 않다가 내가 자기 곁으로 다가가면 내 손을 꽉 잡고 하이파이브 할 태세로 한쪽 손바닥을 치켜들고 말한다.

"참 잘했어요~."

잘했냐고 묻는 것보다 잘했다고 말해 달라는 톤이다. 그러면 나도 한쪽 손으로 상용이의 손과 하이파이브를 하며 상용이가 듣고 싶어 하는 말을 들려준다.

"참 잘했어요!"

내 말을 듣고 나서야 상용이는 나를 뚫어지게 보았던 눈을 거두고 손을 놓아 준다. '목적 달성! 이제 선생님은 저리 가셔도 돼요!' 하는 태도다. 칭찬을 받으면 상용이는 활을 휘두르고 중얼거리며 얼마나 행복해하는지 모른다. 그 큰 덩치로 의자에 앉은 채 펄쩍펄쩍 뛰면서 기뻐한다.

토막 연습을 해보세요

아주 어려운 곡은 토막 연습을 시킨다. 예전에 스탠포드 대학에 다닐 때 할아버지 교수님이 가르쳐 준 방법이다. 조금씩 나눠 먹으면 밥 한 그릇을 금세 먹을 수 있듯이, 어려운 곡은 줄 아니면 손 위치의 변화가 있을 때 토막으로 나눠서 한 토막씩 집중 연습하는 것이다. 이 토막들을 이어서 연습하면, 어려운 곡도 충분히 소화할 수 있게 된다. 머리가 기억하는 속도보다 근육이 기억하는 속도가 빠르기 때문이다.

나는 가장 심플한 멜로디도 아이들의 입장에서 분석해서 패턴이 바뀔 때마다 짧은 토막으로 나눠 완전히 익힐 때까지 반복해서 연습을 시켰다.

"이 부분을 다섯 번 해 보자, 열 번 해 보자" 하면 지겨워하기는커녕 그 수를 채울 때까지 세는 재미로 '자동 반복'을 하게 된다.

사랑챔버 아이들을 가르치면서 나는 우리가 원하는 목표에 도달하려면 아이들을 혼내는 것이 아니라, 아이들이 즐겁게 할 수 있도록 격려하고 이끌어 주어야 한다는 것을 알게 되었다. 어느 정도 시간이 지나니 아이들은 "빨리 와서 앉아!" 하고 시키지 않아도 피아노 전주가 시작되면 저절로 자기 자리로 뛰어간다. 그 모습을 보는 것만으로도 나는 기쁘고 감사하다.

Part II
천국의 아이들

캠프 당일. 꼬불꼬불한 남한산성 길을 지나 설레는 마음으로 묵상의 집에 도착했을 때 나는 너무나 감격스러웠다. 이미 부모님과 함께 도착해서 연못에 발을 담그거나, 잔디밭에 앉아 있거나, 나무 아래서 쉬는 아이들을 보았다. 낙원이 따로 없었다. 그렇게 편안한 아이들의 모습을 보는 것만으로도 나는 숨통이 탁 트이는 것 같았다.

01 첫 무대에 오르다
02 실수는 최대의 성공이었어!
03 천국이 따로 없습니다요!
04 비자 받기 프로젝트
05 미국 공연, 그리고 하나님 아버지의 선물
06 자라나는 아이들
07 함께 부르지 못한 노래
08 영산아트홀, 바로 그 무대에 서다

01
첫 무대에 오르다

첫 연주가 끝나고 나서 우리는 서로 부둥켜안고 울었다. 그 감격을 어떻게 말로 표현할 수 있을까. 갑자기 무대에서 뛰쳐나가는 아이도 없었고, 활을 거칠게 사용한 아이도 없었다. 하나님은 우리의 기도를 하나도 땅에 떨어뜨리지 않고 들어 주셨다. 이 첫 연주 이후 우리는 종종 무대에 서게 되었다.

사랑챔버

가 생긴 지 1년이 되어 갈 무렵, 박우형 장로님이 제안을 했다.

"매년 4월 셋째 주가 장애인 주일인데, 올해는 사랑챔버에서 특별 찬양을 하면 어떨까요?"

우리는 장로님의 의견에 따르기로 했다. 연주회를 앞두고 나니 마음이 더 바빠졌다. 준비해야 할 것이 많았다. 무엇보다 곡목을 정하는 게 급했다.

음이 총 다섯 개밖에 안 되는 〈좋으신 하나님〉을 제일 먼저 골랐다. 다음 곡목을 뭐로 할까 고민하면서 교회 식당에 갔는데, 난데없이 "솔미미레 도~도시라…"를 흥얼거리게 되었다. 그러고 보니 내가 홍콩에서 주일학교 다닐 때 배운 찬양이었다. 음은 읊조리겠는데 곡목은 아무리 기억을 떠올려도 생각나지 않았다. 마침 성가사 한 분이 지나가기에 길을 막고 물어 보았다. 그랬더니 시원하게 대답해 주었다.

"예수님은 우리들의 밝은 등불…."

'아 맞아요!' 하면서 고개를 주억거렸다. 곡목을 알자 가사도 어렴풋이 생각났다. 어린 시절에는 몰랐는데 가사가 너무 좋았다.

"너~희들은 세상 빛~이 되어라!"

리듬이 단순해서 아이들이 충분히 소화할 만한 곡이었다. 하나님이 주신 곡이다 싶어 당장 정했다.

어머니들도 아이들과 함께 무대에 서는 순서를 갖기로 했다. 아

첫 번째 큰 연주회
2000년 10월 '사랑의 음악회'

이가 장애인이라는 진단을 받고 가슴 아팠고 또 키우면서 아이의 손과 발과 눈과 귀가 되어 준 어머니들은 사랑챔버의 또 다른 멤버이기 때문이다. 어머니들은 '똑딱똑딱' 밝은 소리를 내는 리듬악기로 〈예수님 찬양〉을 함께 연주하기로 했다.

악기를 배울 수 없을 만큼 장애가 심해 손에 힘이 없는 준혁이도 휠체어를 타고 무대에 오르기로 했다. 악기를 다룰 줄 몰라도 우리는 그 시간을 함께 나누고 싶었기 때문이다. 어머니가 대신 연주자가 되어 주기로 했다.

연습 일정을 잡는 것까지는 좋았는데, 교회에 연습할 공간이 마땅치 않았다. 몇 날을 고민하고 있는데, 하루는 자원봉사자로 온 장윤정 선생님을 만났다. 내가 사랑챔버 사정을 주절주절 말한 것도 아닌데, 내게 불쑥 옥수동에 있는 첼로학원 열쇠를 하나 복사해 주겠다고 했다.

"저녁이 되면 사용하는 사람이 없으니까 필요할 때 언제든지 쓰세요."

위치도 교회와 가까워서 연습 장소로 딱 좋았다. 그날 장 선생님은 하나님이 사랑챔버에 보내 주신 천사였다. 온누리사랑챔버가 세상을 향해 주님과 함께 한 발자국 내딛는 순간이었다(장윤정 선생님은 나중에 어령이를 맡아 주었고, 결국 어령이가 전공까지 하게 되었다).

첫 연주회를 앞두고 어머니들, 선생님들과 함께 기도회를 하면서 나도 모르게 울음이 터져 나왔다. 그동안 지나왔던 시간들이 꿈만 같았다.

"사실 이 음악교실을 시작한 것은… 제 의도가 아니었습니다.

멋쟁이 대학생 김어령과 장윤정 선생님

그때 그 광고가…"

어머니들께 처음으로 솔직하게 털어놓은 고백이었다. 우리는 마음을 모아 하나님께 도움을 구했다.

드디어 연주회 날. 학생들만으로는 소리가 너무 약해 선생님들도 중간중간 앉아서 같이 연주하기로 했다. 연주회가 시작되기 전, 대기실에서 어머니들과 선생님들, 그리고 나는 아이들을 한 사람 한 사람 붙들고 안수하듯이 기도했다.

첫 연주를 위한
간절한 기도

사랑 챔버 : 하나님의 꿈을 연주하는

"연주하다가 무대를 뛰쳐 나가지 않도록 해 주세요."
"활 부드럽게 쓰게 해 주세요."
"마이크 건드리지 않게 해 주세요."

눈물이 앞을 가렸다. 오늘 우리의 불안정한 화음이 아니라, 이 특순 연주가 있기까지 지난 1년 동안 얼마나 열심히 악기를 배웠고, 멜로디를 익혀 왔는지를 알아 주기만 한다면, 아니 그렇지 않더라도 이 작은 노력을 하나님께서 기뻐 받아 주신다면, 그럴 수만 있다면 얼마나 좋을까. "믿으면 하나님의 영광을 보리라" 하셨다. 나는 믿고 볼 것이다. 하나님께서 영광받으시는 모습을.

첫 연주가 끝나고 나서 우리는 서로 부둥켜안고 울었다. 그 감격을 어떻게 말로 표현할 수 있을까. 정말 하나님은 우리 힘으로 할 수 없는 일을 할 수 있도록 해 주셨다. 평소 한 마디씩 벌어지는 게 예사였던 아이들은 오늘 아무 실수 없이 멋진 연주를 해 주었다. 갑자기 무대에서 뛰쳐나가는 아이도 없었고, 활을 거칠게 사용한 아이도 없었다. 하나님은 우리의 기도를 하나도 땅에 떨어뜨리지 않고 들어주셨다.

〈좋으신 하나님〉은 우리의 '교과서' 중 첫 곡이 되었다. 3년 동안 해마다 장애인 주일에 우리 사랑챔버가 특별 찬양을 연주할 때면 〈좋으신 하나님〉을 꼭 빠뜨리지 않았다.

3주년 때였나? 장애인 주일 연주 때였을 것이다. 나는 상용이 어머니의 놀라운 간증을 듣게 되었다. 자폐증을 가진 상용이는 음악에 기초도 없었지만 구경삼아 왔다가 틈만 나면 "온누리 가자"고 노래를 부르는 바람에 이제 두 달째 사랑챔버의 한 식구가 된 중학생이었다. 나이에 비해 덩치가 커서 바이올린 대신 첼로를 악기로 정했는데 악기를 잡아 주느라 손을 대면 번번이 뿌리치곤 했다. 그런 상용이가 무대에 올랐다는 사실이 너무 감격스러웠던 어머니는 벌써 일주일이 지났는데도 그 얘기만 나오면 눈물을 흘렸다.

"어머니, 보셨어요? 상용이요, 일어나지도 않았고 튀는 소리도 내지 않았어요. 의자에 앉아서 고개를 약간 숙인 모습이 정말 첼리스트 같지 않았어요?"

내가 상용이를 칭찬하자 어머니는 눈물을 흘리며 말했다.

"아이들이 〈좋으신 하나님〉을 연주할 때, 나도 모르게 눈물이 나는 거예요. 아이가 연주에 집중하는 모습을 보면 볼수록 너무 감사해요. 상용이가 15년을 사는 동안 어디를 가도 눈치를 봐야 했어요. 그런 상용이가 모든 사람이 주목하는 가운데 무대에 올라 연주를 하다니, 도무지 믿어지지가 않아요. 전 그동안 상용이 때문에 하는 수 없이 교회를 다녔거든요. 그런데 지난 주일에 상용이 때문에 하나님의 사랑을 알게 되었어요. 선생님들이 왜 연습 때마다 먼저 기도를 드리는지 이제 알 것 같아요. 이건 사람의 힘으로 될 수 있는 일이 아니잖아요."

사실 상용이네는 대대로 독실한 불교 집안이었다. 상용이 어머니도 오랫동안 절에 다니면서 마음을 다해 불공을 드렸지만, 전생의 잘못과 조상의 죄 때문에 상용이가 벌을 받는다는 생각에 짓눌릴 뿐이었다. 그런데 "수고하고 무거운 짐 진 자들아 다 내게로 오라 내가 너희를 쉬게 하리라"(마 11:28)는 말씀을 듣고 마침내 무거웠던 마음의 짐을 내려놓게 된 것이다.

그후 상용이 어머니는 눈에 띄게 달라졌다. 기본음도 못 잡아 빼빼대는 아이들을 가르치느라 얼마나 수고가 많냐며 만날 때마다 위로해 주고 싶어 했고, 선생님들과 다른 어머니들을 위해 솔선해서 기도해 주었다.

"내가 기도해 줄게요. 하나님이 내 기도 잘 들어 주실 거야. 나는 믿은 지 얼마 안 되고 내 목소리는 처음 듣는 신선한 거라서 쟤는 누군지 한번 보자 그러실 거야. 그러니까 내가 기도해 줄게요."

그렇게 하나님을 알아 가던 상용이 어머니가 지금은 교회의 어느 중직자 못지않게 신앙의 내공을 가진 분이 되었다. 물론 요즘도 사랑챔버의 신입 어머니들을 도와 주고 위로해 주며, 상처를 어루만져 준다.

묵상의 집에서 연습을 즐기는 이상용 / 첼로

02
실수는
최대의 성공이었어!

연주 때마다 예기치 않은 돌발 행동이 자주 일어나지만, 그때마다 청중들은 아이들의 본래 모습과 연주에 집중하는 모습을 비교하며 열렬한 호응을 보내주곤 했다. 우리 아이들이 몸소 보여 준 위로와 용기는 그들 가슴속에 깊이 뿌리 내려 삶을 변화시켰다. 그것이 너무나 감사했다.

교회에서

의 이 첫 연주 이후 우리는 종종 무대에 서게 되었다. 대부분은 선생님과 부모님들이 아는 분들을 통해 섭외가 들어왔다. 교회의 특별 찬양뿐만 아니라, 노인복지관 개관식이나 소년원, 병원, 장애인학교 후원의 밤 행사에서 연주를 했다. 우리는 기쁜 마음으로 했다. 얼마나 힘들게 연습한 곡들인데, 기회가 닿는 대로 연주를 해서 아이들에게 연주하는 기쁨을 누리게 하고 싶었다.

한번은 한강 고수부지 공원에서 열린 장애인 체육대회를 위해 연주하러 갔는데, 모두 수영복과 수영모만 쓴 사람들 앞에서 정색을 하고 연주하자니 몹시 쑥스러웠던 기억이 난다.

또 지적장애인 체육대회에 가서 대한민국에 그렇게 많은 지적장애인이 살고 있다는 사실에 충격을 받기도 했다. 그들은 모두 어디서 살고 있었기에 그동안 도심 한복판에서는 한 번도 마주치지 못했단 말인가.

이날 혼자 큭큭 웃었던 일이 기억난다. 사랑챔버가 즐겨 연주하는 곡 중에 〈내 하나님은〉이라는 곡이 있는데, 청중이 함께 참여하기에 좋은 곡이다. 나는 연주 중간에 "내 하나님은 크고 힘 있고 능있어 못할 일 전혀 없네" 하고 찬양을 하면, 연주자들이 '쾅쾅!' 발을 굴러 박자를 채우도록 연습을 시켰다. 그리고 2절 때는 내가 이 부분에서 뒤돌아 청중에게 함께 "아멘!" 하며 손뼉을 치도록 유도한다. 그날 행사에서도 청중과 함께 손뼉을 치는데, 청중이 모두 지적장애인 학생들이다 보니, 박수 소리가 '착착!'이 아니라 '차자작 작착!' 하고 한없이 늘어지고 말았다. 얼마나 귀엽게 들렸는지 혼자 터져 나오는 웃음을 참느라 혼이 났다.

아이들과 연주를 다니면서 처음에는 우여곡절도 많았다. 아이들마다 가지고 있는 장애 유형이 다르기 때문에 언제 어디서 어떻게 돌발 상황이 일어날지 알 수 없었다.

제일 큰 문제는, 워낙 아이들이 산만하다 보니 대기실에서 기다리는 것을 몹시 힘들어했다. 피곤해서 조는 아이도 있었지만 몇 명은 뛰어다니고, 소리 지르고, 어떤 아이는 춤을 추고 그야말로 난리도 아니었다. 그래서 나는 우리를 초청한 주최 측에 반드시 양해를 구하는 일이 있다.

"아이들이 산만해서 오래 집중하지 못 해요. 저희를 최대한 앞 순서에 넣어 주세요."

자폐 아이들 중에는 유독 어떤 소리를 듣기 힘들어하는 경우가 있다. 한번은 우리 순서 앞에 해금 연주가 있었는데, 한 아이가 귀를 막으며 굉장히 고통스러운 비명을 질러댔다. 나는 아이들이 왜 갑자기 그렇게 반응을 하는지 도무지 알 수가 없었다.

박사학위만 없다 뿐이지 자폐증에 관한 한 국내외 모든 논문을 섭렵한 한 아버지의 말에 따르면, 어느 음역에 있는 음들은 보통 사람들한테는 음악으로 들리지만, 그 아이들한테는 천둥소리와 전기톱 소리처럼 들려 몹시 고통스럽다는 것이다. 그 설명을 듣고 나니 완전히는 아니지만 이해할 수 있을 것 같았다. 특히 해금이나 소프라노 색소폰처럼 음역이 높은 소리를 견디지 못했다.

그런데 문제는 그 소리를 듣는 순간에만 그러는 것이 아니라, 집에 돌아가서도 자다가 경기를 일으키는 경우가 많다고 했다. 그래서 연주 부탁이 들어오면 주최 측으로서는 이해하기 힘든 질문을 먼저 하는 버릇이 생겼다.

"저희 앞에 어떤 순서가 있나요? 혹시 소프라노 노래나 뭐 다른 연주가 있나요?"

그밖에도 알레르기 비염으로 고생하는 아이, 조명에 민감한 아이 등을 고려해서 여러 가지 양해를 구해야 했다.

하지만 그렇게 고생고생해서 무대 위에 올랐어도 전혀 예상하지 못한 돌발 상황까지 미연에 방지할 수는 없었다. 대형 스크린에 비친 자기 얼굴을 감상하느라 연주를 하다가 마는 것은 그나마 귀엽다. 연주하다 말고 갑자기 땅이 꺼질 듯이 커다란 소리로 재채기를 한다든지, 바이올린을 든 채 춤을 춘다든지 하는 것도 크게 문제가 되지 않는다. 하지만 갑자기 소리를 지르고 무대 밖으로 뛰쳐나가려 할 때면 온몸의 털이 곤두선다. 그래서 아이들 옆에는 언제나 자원봉사 선생님이 대기하고 있다가 돌발 상황이 일어나면 최대한 표 나지 않게 달래서 안정시키기도 한다.

하지만 아이들의 이런 돌발 행동이 연주팀으로서의 명예를 실추시키기는커녕 오히려 후한 점수를 받는 일면이 있다는 것을 나중에야 알았다.

소년원에서 연주할 때였다. 목사님의 설교에도 아무런 반응을 보이지 않던 아이들은 우리가 무대에 오르고 연주를 할 때도 전혀 호응이 없었다. 무거운 마음으로 지휘를 하는데, 갑자기 클라리넷을 불던 아이가 박자를 놓치고는 "아~ 아~ 아~" 하고 이상한 소리를 내는 게 아닌가. 나는 가슴이 철렁 했다. 그런데 놀랍게도 그때 소년원 아이들이 박수를 치면서 격려해 주었다. 아마도 소년원 아이들은 사랑챔버 아이들이 장애인이라는 것을 그 순간 알았던 것 같다. 그 실수 이후 소년원 아이들은 사랑챔버 연주에 집중하는 태도를 보여 주었고, 박수로 응원하는 그들의 따뜻한 마음에 새 힘을 얻을 수 있었다.

사랑챔버 아이들은 사랑에 대해, 용기에 대해 논리정연하게 말할 줄은 모른다. 하지만 낙망한 사람들의 등을 두드려 주며 이 세상 어느 예술가 못지않게 사랑과 용기와 인내를 보여 준다.

연주 때마다 예기치 않은 돌발 상황이 자주 일어나지만, 그때마다 청중들은 아이들의 본래 모습과 연주에 집중하는 모습을 비교하며 열렬한 호응을 보내 준다. 우리 역시 잠깐의 곤욕을 치르지만 다시 연주 모습을 갖추는 아이들을 통해 너나 없이 감격하고 감사의 기도를 드린다. 청중들도 무대의 해프닝을 보며 아이들의 음악에 더욱 감동을 하는 듯했다. 우리 아이들이 몸소 보여 준 위로와 용기는 그들 가슴속에 깊게 뿌리 내려 삶을 변화시켰다. 그것이 너무나 감사했다.

연주회가 많아질수록 우리들의 꿈도 커졌다.

먼저는 우리들만의 콘서트를 갖는 것이다. 사랑챔버가 모인 지 3년째 되던 해, 전체 연습을 할 때였다. 연습 도중에 어떤 아이가 일어서더니 갑자기 자기가 배우고 있는 곡을 연주하는 것이었다. 그러자 다른 친구들도 한 명씩 나와서 친구들 앞에서 연주해 보였다.

그때 나는 아이들이 친구들 앞에서 연주하는 것을 좋아하고, 무대에 서는 것을 무척 좋아한다는 사실을 알았다. 그렇게 해서 '우리들의 첫 번째 콘서트'를 열기로 했다.

그리고 10년이 지났을 때는 그야말로 클래식 뮤지션만이 설 수 있는 멋진 연주홀에서 연주하는 것이다.

내가 한국페스티발앙상블 정기연주회 때 실내악 연주를 예술의전당 콘서트홀에서 할 때면 항상 마음속으로 언젠가는 여기서 사랑챔버와 같이 연주하면 좋겠다는 소망을 품었다.

온누리교회 서빙고 성전에서 양재 성전으로 가려면 그 웅장한 예술의전당을 지나야 한다. 어느 날인가 나도 모르게 창문을 내리고 예술의전당을 향해 팔을 뻗었다. 그리고 간절히 기도했다.

"하나님, 사랑챔버 10주년 때 예술의전당 무대에 꼭 설 수 있도록 해 주세요."

그러자 어머니들도 맞장구를 쳤다.

"맞아요. 손 선생님이 사랑챔버를 잉태하신 곳이 예술의전당이잖아요. 우리도 기도합시다."

어머니들도 창문을 내리고 팔을 뻗어 기도했다.

"하나님, 저희 사랑챔버 10주년 때는 이곳 무대에 꼭 설 수 있게 해 주세요. 10주년! 10주년!"

03
천국이
따로 없습니다요!

어떤 아이는 일어나서 마치 날개라도 꺾는 듯이 양팔을 꺾고 박수를 치고, 어떤 아이는 풀쩍풀쩍 뛰고, 어떤 아이는 마이크를 잡고 고래고래 소리를 지르고, 어떤 아이는 칠판에 낙서를 하고, 어떤 아이는 꺾기 춤을 추었다. 더할 수 없는 기쁨이 차올랐다. 그동안 수없이 예배를 드렸지만, 이날처럼 모두가 기뻐서 함박 웃으며 예배를 드린 날은 없었다. 나는 힘들고 지칠 때마다 그날 아이들이 보여 준 천국을 떠올린다.

연주 요청

이 조금씩 많아지던 무렵 한번은 부천에 있는 한 복지시설에서 연주 요청이 들어왔다. 서울 지역 외에는 다닌 적이 별로 없던 나는 혼자 운전해서 그곳까지 찾아갈 엄두가 나지 않았다. 고민 끝에 지하철로 움직이기로 했다. 요즘처럼 교회 버스를 대절해서 함께 움직이던 시절이 아니어서, 대부분 각자 움직여 연주 장소에서 모였다. 내가 지하철로 간다고 하니, 완이 어머니가 전화로 부탁했다.

"선생님, 우리 완이랑 지하철역에서 만나 같이 좀 가 주실래요?"

대부분의 아이들은 부모님과 함께 다니지만, 그나마 잘 훈련된 아이들은 혼자서도 다닐 수 있다. 자폐증을 가진 아이들은 차례와 규칙을 잘 잊어버리지 않기 때문에 노선의 변동이 거의 없는 지하철이나 버스를 이용해 혼자서 이동하는 것은 곧잘 익히기도 한다. 물론 부모님들이 몇 번이나 아이들을 잃어버리고 찾기를 반복한 끝에 어렵사리 얻게 되는 결과지만 말이다.

완이는 어머니의 기도대로 피아노를 배우다가 멜로디언을 거쳐서 정말 클라리넷을 배우게 되었고, 사랑챔버에서 처음으로 음악을 전공하는 멋진 대학생이 되었다.

나는 완이랑 어느 지하철역 몇 번 출구에서 만나자고 단단히 약속을 했다. 그런데 부천에 가기로 한 당일, 완이가 약속 시간이 지났는데도 나타나지 않았다. 휴대폰으로 연락을 했더니 "지금 기차가 가요" 하며 엉뚱한 말을 하는 게 아닌가.

"주변에 뭐라고 써 있어?"
"나도 갑니다."

내 질문과 상관없는 엉뚱한 대답을 들으면서 대화를 이어 나가야 했다. 중간에 전화를 갑자기 끊기도 해서, 다시 걸기도 했다. 자폐증을 가진 아이를 찾아 미친 여자처럼 헤매고 다녔다는 어머니들의 고백이 그날처럼 실감나게 다가온 적이 없었다. 아이를 잃어버린 게 아닌가 싶어 입술이 바짝바짝 타들어 갔다. 몇 십 분을 헤맨 끝에 완이를 발견하고는 그야말로 십년감수했다. "하나님, 감사합니다" 하는 기도가 저절로 나왔다.

부천으로 가는 지하철을 함께 타고 가는데, 완이의 씩씩한 목소리 때문인지 사람들이 자꾸 완이를 힐끔힐끔 쳐다봤다. 그러자 나는 어느새 사람들 눈치를 보기 시작했다. 교회에서 만났을 때는 모르겠더니 밖에 나와서 보니 이 아이가 장애인이라는 사실이 그렇게 크게 다가올 수가 없었다.

 부천역에 내려서 걷는데, 완이의 구두 밑창이 떨어져서 구두코 앞이 떡 벌어져 있었다. 한 걸음 뗄 때마다 마치 캐스터네츠처럼 따닥따닥 소리가 났다.

"구두 밑창이 떨어졌네."

완이는 전혀 상관이 없다는 듯 씩씩하게 말했다.

"괜. 찮. 아. 요!"

그런데 나는 무척 신경이 쓰였다. 지나가는 사람들이 다 쳐다보는 것 같았다. 주변 사람들의 시선이 그렇게 의식되기는 처음이었다.

 '교회에서는 아무 편견이 없었는데, 결국 장애가 있는 아이구나.'

순간 나는 얼굴이 화끈 달아올랐다. 그동안 내가 이 아이들에게

음대 졸업생 1호 이완 / 클라리넷

꽤 괜찮은 음악 선생인 줄 알았는데, 사실은 아니었던 것이다. 나는 아이들을 너무 몰랐고 평소 이 아이들이 어떻게 지내는지 관심도 없었다.

그러고 보니 아이들은 다른 선생님들한테는 달려가 안기기도 하면서 나한테는 일정한 거리를 두었다. 내가 지휘자로서, 팀의 리더로서 아이들을 골고루 품어야 하는 입장인 것도 사실이지만, 솔직히 말한다면 아이들과 개인적으로 대화를 나눌 시간이 없었다.

교회 밖에서 아이들을 만나는 것이 나를 이렇게까지 당황스럽게 할 줄은 몰랐다. 그날 캐스터네츠처럼 따닥따닥 소리를 내는 완이와 함께 걸으면서 내 자신이 너무 부끄러워 속으로 참 많이 울었다.

그리고 그날 이후 나는 선생 대 학생, 지휘자 대 단원으로서만이 아니라, 오늘을 함께 살아가는 한 사람으로서 아이들을 바라볼 수 있게 되었다. 그 아이들의 오늘과 나의 오늘이 다른 것 같지만, 전혀 다르지 않았다. 우리는 모두 하나님이 이 세상에 보내신 계획대로 성실히 살아야 할 책임을 가진 존재들이기 때문이다.

만약 그날 교회 밖에서 완이를 만나지 않았다면, 나는 어쩌면 지금도 그냥 지휘자 선생일 뿐일지 모른다. 그날 이후 우리 사랑챔버는 교회 밖으로 함께 여행을 떠나는 계획을 세웠다.

자연이 있고, 아이들이 마음껏 돌아다녀도 잃어버릴 염려가 없는 곳이어야 했다. 또 자연을 보며 하나님을 예배하고, 선생님들과 가족들이 모두 함께 모여 한 해를 돌아보며 두런두런 마음을 나눌 수 있어야 했다. 수소문 끝에 남한산성의 '묵상의 집'으로 가기로 했다.

일단 어머니들이 음식을 준비하고, 선생님들은 레크리에이션을 준비하기로 했다. 그리고 이번 캠프의 하이라이트는 뭐니뭐니 해도 그 해 있을 우리들만의 콘서트를 위해 집중 연습하는 것이었다.

캠프 당일, 꼬불꼬불한 남한산성 길을 지나 설레는 마음으로 묵상의 집에 도착했을 때 나는 너무나 감격스러웠다. 이미 부모님과 함께 도착해서 연못에 발을 담그거나, 잔디밭에 앉아 있거나, 나무 아래서 쉬는 아이들을 보았다. 낙원이 따로 없었다. 그렇게 편안한 아이들의 모습을 보는 것만으로도 나는 숨통이 탁 트이는 것 같았다.

아이들의 자유로운 모습은 찬양 시간에 가장 빛을 발했다. 식사를 마치고, 함께 모여 예배를 드릴 때였다.

시각장애인이지만 사랑챔버의 자동반주기인 민수는 첫 음만 떼면 기다렸다는 듯, 그 특유의 머리를 휘저으며 신나게 건반 연주를 쏟아냈다. 아무 데서나 들을 수 없는 실력과 박력 만점의 건반 연주다. 신나게 찬양을 하는데, 어떤 아이는 일어나서 마치 날개라도 꺾는 듯이 양팔을 꺾고 박수를 치고, 어떤 아이는 풀쩍풀쩍 뛰고, 어떤 아이는 마이크를 잡고 고래고래 소리를 지르고, 어떤 아이는 칠판에 낙서를 하고, 어떤 아이는 한쪽 발을 들고 머리가 바닥에 닿기 바로 직전까지 온몸 20도 꺾기 춤을 추었다. 20도가 될 때까지 온몸을 기울이지만, 어느새 살며시 발을 바꾸어 반대쪽으로 몸을 기울이는 일명 '오뚜기 춤' 솜씨가 보통이 아니었다. 기분 좋을 때 하는 행동들이 각자의 스타일대로 나오는데, 더할 수 없는 기쁨이 차올랐다. 그동안 수없이 예배를 드렸지만, 이날처럼 모두가 기뻐서 함박 웃으며 예배를 드린 날은 없었다.

'그래, 이게 천국의 모습이지.'

이 세상 어느 누가 이 아이들처럼 솔직하게 자신의 기쁨을 표현할 수 있겠는가. 이렇게 있는 모습 그대로 하나님 앞에 솔직하게 기쁨을 표현할 수 있다면, 이 모습 그대로 용납되고, 용납할 수 있다면 이것이 바로 천국의 모습이지 않겠는가.

C. S. 루이스는 《스크루테이프의 편지》 서문에서 "박쥐보다 관료들이 더 싫다"고 말한 바 있다. 관료 사회란 무엇인가. 하얀 와이셔츠에 넥타이를 매고, 똑같은 표정, 똑같은 자세, 똑같은 생각을 강요받는 세상이 아닌가. 각자의 개성이 말살당하는 곳이 바로 지옥

이 아니겠는가.

  아이들을 탐욕과 두려움에 가득 찬 관료 사회의 구성원으로 몰아세우지 않고, 있는 그대로 바라봐 줄 수 있다면, 그곳이 바로 천국이 아니겠는가.

  나는 힘들고 지칠 때마다 그날 아이들이 보여 준 천국을 떠올린다. 그곳에선 나 역시 아이들과 함께 기뻐 뛰놀며 주님을 찬양하고 있다.

묵상의 집에서
관료의 포즈 (위)
있는 모습 그대로! (아래)

04
비자 받기 프로젝트

그 자리에서 여권을 돌려받는 일은 흔치 않았다. 나는 뒤돌아서서 어머니들께 말했다. "다 됐어요!" 내가 아무리 울보라도 항상 먼저 울지는 않는다. 보통 남이 울면 따라 우는데, 그날 어머니들이 벌써 울고 있었기 때문에 나도 따라 울음을 터뜨리고 말았다. 그야말로 눈물바다가 되었다. 어느새 점심시간이 임박해져서 점점 사람들이 많아지는데, 2층 인터뷰 장소로 오르는 사람들 틈에 섞여 우리는 서로 껴안고 격려하며 축하를 나눴다.

크고 작은

연주들을 하며 어느새 7년째 되던 해 하나님께서는 사랑챔버를 세계로 보내기 시작하셨다.

2005년 12월 새벽에 갑자기 전화가 울렸다. 미국으로 안식년을 떠나 있던 소마 트리오 멤버인 배일환 씨였다. 나의 모교인 스탠포드 대학의 'music4all'이라는 음악 동아리에서 사랑챔버와 함께 공연을 해 보고 싶다는 것이었다. 배일환 씨가 그 동아리 회장인 황미선 씨를 만나면서 일이 갑자기 추진된 것이다. 산호세에서 로스앤젤레스로, 다시 샌프란시스코로 돌아오는 7박 8일간의 일정으로, 소마 트리오와 함께 스탠포드 대학과 한인 교회 순회 연주를 하는 매우 바쁜 일정이었다. 다행히 SK그룹의 후원을 받을 수 있다고 해서 사랑챔버 단원 12명이 가기로 했다.

첫 번째 해외 연주인 만큼 나는 지휘자로서 연주자로서 또 인솔자로서 여러 모로 신경이 쓰였다. 제일 큰 문제는 미국 비자를 급하게 받아야 하는 일이었다. 각자 비자 인터뷰를 받게 될 텐데, 여행사에서는 당사자가 아니면 인터뷰장에 들어갈 수 없다고 했다. 위급 상황이 생겼을 때 도와줄 방법도 없는 것이다. 걱정을 하고 있는데, 다음 주 말에 있는 갤러리 연주 때 미국 대사관 직원 한 분이 오신다는 얘기를 들었다.

연주가 끝나고 그분과 인사를 나눴다. 나는 워낙 사교적이지 못한 성격이라서 처음 만나는 사람과 있으면 불편해서 속으로 어쩔 줄 몰라 한다. 그럼에도 불구하고 담대하게 웃으며 사랑챔버가 미국에 가야 하는데 바로 다음 월요일에 인터뷰가 잡혔다는 이야기를 했다. 그런데 그분은 이메일로 설명하라며 명함을 주면서 말을 끊었다.

나는 그날 밤 A4용지 네 페이지나 되는 장문의 이메일을 보냈다. 왜 우리가 한 명도 빠짐없이 모두 비자를 받아야 하는지를 구구절절 설명했다.

답장은 생각보다 빨리 왔다. 미리 알았으면 직장에 가서 "우리가 이런 감동적인 콘서트를 갔다 왔는데, 이 연주팀이 미국에 간다고 하네" 하면서 소문이라도 냈을 거라며 안타까워했다.

월요일 아침 일찍 나는 미국 대사관을 향해 씩씩하게 걸어갔다. 우리가 단체로 인터뷰를 받을 수 있는 방법은 없는지 그 직원에게 문자로 물어봤다. 그는 장애인 한 명의 보호자로 들어가서 "우리는 단체입니다"라고 들어가자마자 말해 보라고 조언해 주었다.

영사관 앞에 사랑챔버 가족들이 모였다. 겨울이라 다들 코끝이 빨갰다. 여행사 직원이 와서 서류를 나눠 주며 말했다.

"장애인신분증을 보여 주면서 보호자들도 함께 들어가세요."

나는 박신애 보호자로 들어갔다. 무슨 일이 있으면 연락해야 하는데 휴대폰까지 빼앗겼다. 갑자기 암담했다.
아침 일찍이라 사람은 많지 않았다. 다행이었다. 줄을 서고 차례대로 서류 심사를 받는데, 서류 여기저기 야광 펜으로 동그라미를 잔뜩 쳐서는 다시 주었다. 뭔가 빠진 게 많은 모양이었다. 이미 오래전에 여행사에 맡겼는데, 이렇게 빈칸이 많다니 조금 화가 났다. 그때 예쁜 직원 한 명이 큰소리로 불렀다.

"Group of 12?"

그녀는 하나님이 보내 주신 천사였다. 어머니들을 비롯해서 우리 팀은 12명이 훨씬 넘었지만, 나는 우리 그룹이라는 것을 직감적으로 알아차렸다. 그 소리를 듣자마자 나도 모르게 손을 올리며 "여기요!"라고 말했다.
법을 어긴 것도 아닌데 마치 매 순간 간신히 죽을 고비를 넘기는 〈007〉 영화처럼 몹시 긴장되었다. 우선 서류가 걱정되어 물어 보았다.

"근데 서류에 빈칸이 너무 많아서 어떡하죠?"
"따로따로 접수하고 나서 2층으로 인터뷰하러 가기 전까지
빈칸을 채우면 됩니다. 시간은 충분할 겁니다."

일단은 안심이 되었지만, 접수하는 칸이 다 각각이라 또 걱정이 됐다. 우리는 무조건 그룹으로 받아야 했다. 어쨌든 우리가 인터뷰를 받으러 2층으로 올라가려고 할 때 그 여직원이 와서 말해 주었다.

"2층으로 올라가지 마시고요, 계단 옆 마지막 창구에서 인터
뷰를 할 수 있게 되었습니다. 그룹을 모아 주세요."

나는 그제야 살았다는 느낌이 들었다. 그런데 그런 느낌도 잠시, 갑자기 나 자신에게 말할 수 없이 화가 났다. 서류들을 모아 보니 여행 목적, 현지 관계자 이름·연락처·주소, 방문한 나라들, 작성자 사인·또는 대리인 사인 같은 아주 기본적인 정보조차 기록되어 있지 않았던 것이다. 몇 주 전에 미국 연주팀의 모든 여권과 서류를 급하게 준비해서 여행사에 넘기면서 한번 살펴볼까 하다가 귀찮다는 생각이 들어 '여행사에서 알아서 챙겨 주겠지' 하고 그냥 넘겼던 것이 화근이었다. 무조건 여행사를 믿었던 내가 너무 한심하게 느

꺼졌다.

'내 자식 일이었으면 철저하게 확인하고 또 확인했을 텐데. 내가 무책임해서 지금 이 난리가 났구나.'

그나마 내가 신애 보호자로 들어온 것이 다행이었다. 열 몇 명의 서류가 아직 미완성 상태인데, 우리 그룹이 벌써 인터뷰할 차례가 되었으니, 나를 따라서 어머니들도 급하게 서류를 채워 나가기 시작했다. 여행 목적을 뭐라고 할까 하다가, '연주'라고 적으면 '워킹 비자도 아닌데 돈 벌러 가냐'며 괜한 오해를 받을까 봐 망설여졌다. 그렇다고 이미 대사관 직원에게 이메일까지 보낸 마당에 '방문, 관광'이라고 적을 수도 없는 노릇이었다. 고민 끝에 그냥 '연주'라고 떳떳하게 쓰기로 했다.

현지 관계자 이름과 연락처에는 스탠포드 학장님의 성함을 적었다(나를 무척 예뻐했던 교수님이 스탠포드 대학에서 예일 대학으로 갔다가, 마침 다시 스탠포드 학장이 되어 자리를 옮긴 상태였다. 신기한 타이밍이었다!). 각자 여행했던 나라들을 떠올리다가 아이들을 불러서 사인을 시키다가 한바탕 소란이 일어났다.

인터뷰 창에 서서 한동안 말없이 우리를 지켜보던 직원이 재촉하

이제 왼손가락도 잘 씁니다요! - 박신애 / 바이올린

기 시작했다.

"아직도 안 됐습니까?"

마음이 더 급해져서 한겨울인데도 손에 땀이 날 지경이었다. 다른 서류들을 정신없이 검토하느라 신애 서류를 마지막으로 급하게 작성했다. 나는 신애에게 물어 보지도 않고 내가 서류를 작성해 버렸다. '미국 비자 거절당한 적 있습니까? 없습니까?'에 '없음'을 표시하고, 대리인에 팀 리더인 내 이름으로 사인해 버렸다.

"먼저 된 것이라도 주십시오."

직원이 재촉하는 바람에 되는 대로 하나씩 넘겨 주자, 이번엔 "여기 안 채워졌잖아요. 여긴 사인이 빠졌구요"라며 핀잔을 늘어놓았다. 그러는 사이 좀 든든한 사람의 서류를 맨 앞에 놓으라는 여행사 직원의 귀띔도 따를 수 없게 됐다.
여권이 뒤죽박죽되어 영사 직원 손에 들려졌을 때 내 마음이 불안해지기 시작했다. 서류가 '약한' 사람이 먼저 걸리면 단체에 속한 모든 사람한테 까다롭게 군다는 여행사 직원의 충고가 머릿속을 맴

돌았기 때문이다. 예를 들어 신애는 여성에 미혼이니까 불법 체류할 확률이 높아서 안 되고, 완이는 아버지가 오랫동안 병원에 계신데다 서류상 내세울 게 너무 없어서 안 된다는 식이었다. 그러면서 한편으로는 속으로 '미국에 가서 그냥 연주만 하겠다는데, 스탠포드 학장 초대장도 있고, SK 스폰서 편지도 있고, 온누리교회 소속 단체라는 증명도 받아 왔는데 뭐가 이렇게 까다로울까?' 생각했다.

나는 뒤죽박죽된 여권이 아무래도 마음에 걸려 여권을 정리하는 직원에게 얌전하게 다가가서 말했다.

"제가 좀 정돈해서 드리면 안 될까요?"

직원은 내 속을 아는지 모르는지 간단하게 대답했다.

"알아서 할게요."

드디어 영사가 나타났다. 한국계 미국인 여자 영사였다. 영사 보조 직원이 "이완!" 하고 불렀다. 믿을 수가 없었다. 내 귀에는 마치 베토벤의 '운명교향곡'이 울려 퍼지는 듯했다. 제일 걱정했던 완이가 첫 번째 타자라니, 최악의 시나리오가 현실로 나타난 것이다.

어머니들은 "어머머, 완이를 먼저 불렀어. 어떡해… 빨리 기도 기도…" 하면서 손을 모았다.

완이와 완이 어머니가 인터뷰 창으로 갈 때, 나도 서류봉투를 들고 살살 걸어갔다.

여자 영사가 물었다.

"어떤 그룹이에요?"

나도 모르게 대답했다.

"장애인… 온누리교회… 미국 초청… 서류들 다 가지고 왔어…"

내가 더듬거리며 말을 채 끝내기도 전에 영사가 다시 물었다.

"선생님이에요?"
"네. 지휘자예요"

순간, '가만 있자. 내가 왜 한국말을 더듬어 가면서 이러고 있는 거지? 영어로 말하는 게 서로 편할 텐데' 하는 생각을 했다. 미국 남자 영사를 상상하며 상냥하게 웃으면서 "Hi, how are you?"로 시작하려던 나의 계획은 무너졌다.

"같이 가세요?"
"네."
"비자 있어요?"
"네."

이번에는 갑자기 완이에게 물었다.

"왜 미국에 가요?"
"어… 연… 주요."

휴~ 다행이다. 우리는 몇 주 전부터 완이한테 비자 인터뷰할 때 평소처럼 "유학 갈 거예요!" 하면 큰일 난다고 여러 번 충고했다.

"미국에 갔다 온 적 있어요?"
"네."

"언제요?"

"어… 생각 안 나요."

완이 어머니가 몇 년이라고 대답했다. 영사는 서류를 훑어보면서 물었다.

"무슨 일 하세요?"

그러고는 계속해서 완이 아버지에 대해 물었다. 하시는 일은 무엇인지, 형편은 어떤지, 대답하기 곤란한 질문들을 꼬치꼬치 물었다. 영사는 나름 자기 할 일을 충실히 하고 있는 것이었지만 나는 너무나 화가 났다. 드디어 다음 사람을 불렀다. 여행사 직원 말로는 여권을 돌려받으면 비자가 거절된 것이라고 했는데, 다행히 여권은 돌려주지 않았다. 그럼 통과된 것일까?

"임진수!"

진수와 어머니가 급하게 다가왔다.

"무슨 악기 해요?"
"…."

진수는 대답하지 않았다. 영사는 날카롭게 물었다.

"얘 말 못 해요?"

진수 어머니가 옆에서 "진수야, 말해봐" 했다. 진수가 드디어 입을 열었다.

"비올라!"
"왜 비올라를 해요?"

진수는 이번에도 대답하지 않았다. 내가 생각해도 그 질문은 너무 철학적이라서 대답하기가 쉽지 않았다. 옆에서 하도 답답하고 화도 나서 작은 소리로 말했다.

"사실 체격이 좋아서 바이올린 말고 비올라를 시킨 건데…."

내 말이 끝나기도 전에 영사가 말했다.

"지휘자 분은 다 됐으니까 저기 가서 앉아 있어요!"

나는 쫓겨났다. 태어나서 그렇게 모욕을 당한 일은 처음이었다. 어령이, 제민이, 석휘까지 인터뷰를 통과했다. 드디어 상용이 차례가 되었다. 영사는 어머니한테 다짜고짜 물었다.

"미국에서 병원에 갈 생각 없어요?"
"글쎄요, 연주 때문에 갈 시간이…."
"어머니도 같이 가셔야 돼요?"
"네."
"상태가 이런데(산만해서) 어떻게 연주해요?"
"이래도 연주할 때는 신기하게 집중도 잘하고 연주도 잘합니다."

다음은 신애 차례였다. 내가 보호자로 들어왔기 때문에 신애 옆으로 가 섰다. 영사는 신애를 보자마자 물었다.

"무슨 악기 해요?"

신애가 우물쭈물해서 내가 작은 소리로 "신애야, 똑바로 말해" 하자 신애는 나를 보며 겨우 말했다.

"바욜린요."
"제일 좋아하는 곡이 뭐예요?"

이런 질문을 하다니! 신애는 어색한지 대답은 안 하고 계속 웃기만 했다. 나는 또 작은 목소리로 신애를 채근했다. "신애야, 제일 좋아하는 곡 뭐 있지?" 했지만 신애는 대답이 없었다.

"연주하는 데 좋아하는 곡이 없어요?"

영사는 기가 막히다는 듯 다시 물었다. 이제는 진짜 이 팀이 연주할 수 있는지 의심스러워하는 표정이었다. 한참 있다가 신애는 자랑스럽게 말했다.

"그래도 왼손가락 쓰는 것도 시작했어요!"

영사는 더 의심스러운 표정으로 신애를 쳐다보았다. 가슴이 덜컥 내려앉았다. 이 영사가 우리 사랑챔버의 멜로디팀, 화음팀을 어떻게 이해하겠는가. 설명하고 싶었지만 또 쫓겨날까 봐 가만히 있었다. 영사는 컴퓨터만 두들기다가 갑자기 큰소리로 말했다.

"이 학생은 옛날에 비자 거절당한 적이 있거든요! 이렇게 거짓말을 하면 제가 화가 나거든요!"

아마 영사는 소리 지르지 않았겠지만, 나는 그 소리가 천둥소리보다 더 크게 들렸다. 너무 급하게 작성하느라 신애한테 물어 보지도 않고 내 마음대로 공란을 채워 넣은 것을 후회했다. 나는 떨리는 목소리로 말했다.

"몰랐어요…."

그렇지 않아도 서류가 미흡한데, 하필이면 신애 보호자로 내가 들어왔으니, 영사 입장에서 보면 팀 리더가 완전히 속이려고 한 줄로 오해할 만했다. 나는 심장이 두근거렸다.
다음은 지원이었다. 나는 나가면서 지원이에게 급하게 물었다.

"지원아, 제일 좋아하는 곡이 뭐야? 찬양도 괜찮아."

지원이는 정답이라도 찾은듯이 "좋으신 하나님"이라고 해맑게 웃으면서 대답했다. 나는 지원이에게 오케이 표시를 해 주었다. 내가 자리에 앉으면서 보니 지원이는 정말 "좋으신 하나님"이라고 대답했다. 그나마 다행이었다. 지원이가 인터뷰하는 동안 급히 민수한테도 물었다.

"민수야, 제일 좋아하는 곡이 뭐야?"
"없어!"
"아이, 그러지 말고 제일 좋아하는 곡~?"
"몰라!"
"스프링? 베토벤의 스프링 소나타라고 할까, 어?"
"베토벤 스프링 소나타!"

민수의 대답을 듣고 나자 한시름 놓이는 것 같았다. 민수까지 해서 그렇게 인터뷰가 끝났다. 이제 기다리는 일만 남았다.
영사는 다시 나를 불렀다.

"스폰서가 어디입니까?"

"SK Telecom, San Jose."

이번에는 나도 혀를 잔뜩 꼬부려 미국 발음을 하며 준비한 서류를 살짝 보여 주었다. 드디어 영사가 결과를 발표했다.

"박신애 학생은 비자를 거부당한 적이 있어서 '원 엔트리 비자'(one-entry visa)로 3개월짜리 줄게요."

나도 모르게 고개를 숙이며 감사하다고 말했다.

"나머지 여권은 기다리셨다가 받아 가세요."

나는 또 한번 고개를 숙이며 정말 감사하다고, 수고하셨다고 말했다. 이렇게 그 자리에서 비자가 찍힌 여권을 돌려받는 일은 흔하지 않았다.

나는 뒤돌아서서 어머니들께 말했다.

"다 됐어요!"

내가 아무리 울보라도 항상 먼저 울지는 않는다. 보통 남이 울면 그냥 따라 우는데, 그날 어머니들이 벌써 울고 있었기 때문에 나도 따라 울음을 터뜨리고 말았다. 그야말로 눈물바다가 되었다. 어느새 점심시간이 임박해져서 점점 사람들이 많아지는데, 2층 인터뷰 장소로 오르는 사람들 틈에 섞여 우리는 서로 껴안고 격려하며 축하를 나눴다.

나 혼자 남아서 여권을 받기로 하고, 어머니들을 먼저 내보냈다. 빨리 휴대폰을 돌려받아 이 좋은 소식을 가족들에게 알리라고 말이다. 여권을 받기 위해 인터뷰 창에서 기다리는데 내 입에서는 계속 감사의 고백이 흘러 나왔다.

"하나님 감사합니다, 감사합니다."

모든 여권을 돌려받아 가방 안에 조심스럽게 넣고, 휴대폰도 찾아서 다시 씩씩하게 걸었다. 그냥 집에 돌아가기가 아쉬워 스타벅스에 들러 커피를 주문하고 휴대폰을 켰다. 아버지와 어머니들의 축하 메시지가 잔뜩 와 있었다. 축하 전화를 몇 통 주고받고는 혼자 앉아서 우아하게 커피를 마셨다.

옆자리에 앉은 사람들은 아침을 어떻게 보내고 이 자리에 와 있는 걸까. 만약 우리가 서류도 완벽했고, 걱정했던 대로 완이가 인터뷰 1번 타자가 아니었다면, 지금처럼 이렇게 감사할 수 있었을까. 하나님은 정말 우리의 모든 것을 아시며 다스리며 인도하신다는 것을 부인할 수 없다.

연제민 / 비올라

05
미국 공연, 그리고
하나님 아버지의 선물

제민이가 아무렇지도 않게 내 손을 살포시 잡아 주었다. 그 순간 나는 물론이고 제민이 어머니까지 눈이 동그래지며 놀랐다. 자폐증을 가진 제민이가 나를 이렇게 개인적으로 아는 척을 해 준 것은 5년 만에 처음 있는 일이기 때문이다. 사회성이 너무나 없어서 사람들과 눈도 마주치지 않고, 표정도 없는 아이들이 조금씩 내게 반응을 보여주기 시작한 것이다. 5년 만에…. "그 동안 수고했다"고 등을 두드려 주시는 하나님 아버지의 선물, 선물 중에서도 가장 큰 선물을 받은 느낌이었다.

미국 연주

일정이 잡히면서 우리는 연습량을 늘렸다. 평소 격주로 연주 모임을 가졌지만 이제는 매주 모이기로 했다. 공연 한 달 전에는 일주일에 두 번, 공연 일주일 전에는 매일 모여 연습했다. 연습량이 늘어나면서 사랑챔버의 기량도 두세 배로 늘어났다.

아이들의 실력이 부쩍부쩍 늘면서 나부터 제일 먼저 반응이 나타났다. 어쩌면 그것은 '심는 대로 거둔다'는 하나님 나라 법칙의 당연한 결과일 텐데, 나는 놀랐다. 나는 이제까지 이 아이들의 가능성을 무시해 왔던 것이다. 나의 어리석음에 가슴이 아팠다.

사실 사랑챔버는 내게 우선순위 4, 5위쯤이었다. 나는 가족도 돌봐야 하고, 강의도 나가야 하고, 한국페스티발앙상블 실내악 연주도 많았고, 소마 트리오 활동도 해야 했다. 결국 주일 3부 챔버는 내려놓고 여성 챔버 'blossom'으로 양재 수요오전예배를 섬기기도 했다.

몸이 으슬으슬 춥고 오늘은 정말 쉬고 싶은 생각이 들다가도, 사랑챔버에만 나오면 언제 그랬냐 싶게 몸이 거뜬해지곤 했다. 사랑챔버 활동에 최선을 다했고 그런 만큼 행복했지만, 그럼에도 불구하고 사랑챔버가 내 삶의 제1 우선순위는 아니었다. 연주를 앞두고 사랑챔버에 투자하는 시간이 많아지면서, 나는 아이들에게 너무나 미안했다.

'내가 우선순위를 좀 더 일찍 바꾸었더라면… 이 아이들이 지금보다 훨씬 더 성장했을 텐데….'

7년 동안 우리가 한 달에 두 번이 아니고 일주일에 두 번씩 만났다면 아이들이 얼마나 성장했을까? 이 아이들의 숨겨진 재능을 미리 알았더라면 얼마나 좋았을까.
하나님은 내 삶의 우선순위를 사랑챔버에 두기 원하셨던 것이다. 나의 우선순위는 그날 이후로 가족과 사랑챔버로 범위가 좁혀졌다.

2006년 2월 16일, 인천공항을 출발해 미국에 도착한 다음날 우리는 스탠포드 음악 동아리 학생들과 소마 트리오와 함께 리허설을 갖고 새누리교회에서 연주를 했다.
2월 19일 주일 아침, 임마누엘 한인교회에서 특별 찬양 연주를 하고, 저녁 때 드디어 스탠포드 대학 딩켈슈필 오디토리엄(Dinkelspiel Auditorium)에서 공연을 가졌다. 오랜만에 모교에 온 것도 좋았지만, 무엇보다 이곳에서 사랑챔버와 연주를 할 수 있다는 것이 꿈만 같았다. 흔히 감개무량하다는 말을 쓰는데, 그 말이 무슨 뜻인지 알 것 같았다.

공연 전 우리는 지하 대기실에서 짧은 기도회를 가졌다. 모두 유난히 긴장하는 듯했지만, 무대에 오르자 사랑챔버는 언제나처럼 연습 때보다 훨씬 더 뛰어난 기량을 보여 주었다. 나조차 이렇게 큰 환호를 받게 될 줄은 몰랐다. 공연을 끝내고 무대에서 내려온 아이들은 볼이 발갛게 상기돼서 떠들어댔다.

"너무 신나요!"

어머니들도 모두 "이런 박수는 첨이에요. 너무 좋아요" 하며 좋아했다. 사랑챔버 공연은 언제나 감동적이었지만, 그날 나는 어머니들과 아이들과 얼싸안고 몇 번이라도 뛰면서 춤을 추고 싶은 심정이었다. 우리가 이렇게 멋지게 잘해 내리라고는 아무도 믿지 못했을 것이다. 하나님만이 우리가 이렇게 해내리라는 것을 알고 계셨을 것이다. 아이들을 키우며 겪었을 어머니들의 고통에 비하면 나와 우리 선생님들이 겪은 고통은 비할 수도 없겠지만, 나는 그날의 공연이 그동안 우리가 인내한 것에 대한 하나님의 선물이라고 여겨졌다.

나중에 나의 은사인 스탠포드 음악과 학장님은 그날의 음악회를 이렇게 평했다.

첫 해외 연주
스탠포드 Dinkelspiel Auditorium

"내가 딩켈슈필에서 수많은 훌륭한 연주자들의 콘서트를 보았지만 어제 연주는 눈물이 날 정도로 매우 감동적인 콘서트였다."

(I've been to so many concerts in Dinkelspiel -- many performed by the world's greatest musicians. Last night's performance brought tears to my eyes. I found the concert particularly moving.)

―《Stanford Daily》 2006년 2월 21일자

그날 연주회 수익금은 그 지역 장애인들을 위해 사용되었다. 우리 사랑챔버가 연주해서 남을 도울 수 있다는 사실에도 우리는 감격했다.

다음날 오후, 어제의 공연으로 인한 흥분이 가라앉지 않은 채 일곱 시간을 넘게 달려 LA로 갔다. 남가주사랑의교회, 얼바인온누리교회와 LA 올네이션스교회에서 연주를 하기 위해서였다.

이제는 아이들이 이 무리한 여행을 잘 견뎌 줄 수 있을까 하는 염려는 하지 않아도 괜찮을 듯했다. 아이들은 버스 안에서 스스럼없이 서로 장난치고 노래를 불렀다. 이 지루한 여행길에 빠질 수 없는 것이 장기자랑 시간이었다. 어머니들도 평소 갈고 닦은 실력을 유감없이 발휘했다. 제민 어머니 차례가 되어 〈남행열차〉를 부르려는데, 민수가 안 된다고 소리쳤다. 소리에 민감한 민수가 안 된다고 하면 안 되는 것이었다. 민수는 〈만남〉을, 제민이는 〈고요한 밤〉을 못 견뎌 한다.

제민 어머니는 노래 부르기를 포기한 듯, 그럼 소감을 말하겠다고 했다.

"제가 사실은 어제 은혜를 많이 받았습니다. 예배가 시작되어 사랑챔버가 연주하고 민수 노래가 이어졌죠. 이제까지 매

일이다시피 참 여러 번 들은 노래인데, 어제는 아주 새롭게 들리는 거예요. 민수의 〈소원〉이라는 노래를 어제서야 제대로 들어 본 것 같아요.

'삶의 작은 일에도 그 맘을 알기 원하네. 그 길 그 좁은 길로 가기 원해….'

말할 수 없는 감동으로 밀려왔습니다.
사실 전 어제 거의 1년 만에 예배를 제대로 드렸습니다. 제 마음에 원망과 미움이 가득 차서 하나님이 들어오실 자리가 없었거든요. 그런데 어제 〈좋으신 하나님〉 연주에 원망과 미움이 녹아내리고, 민수의 〈소원〉에 소망을 갖게 되었습니다. '내 가는 길만 비추기보다는 누군가의 길을 비춰 준다면….' 이라는 가사처럼 내게도 우리 아이들에게도 소망이 생겼습니다."

나는 제민 어머니의 이 고백을 듣고 눈물이 날 뻔했다. 제민 어머니는 짧게 말씀했지만, 말로 다 표현하지 않은 슬픔이 느껴졌다.
제민 어머니는 제민이가 아주 어렸을 때 제민이를 잃어버려서 온

동네를 헤매고 다닌 적이 있다. 그런데 앞집에 사는 교회 집사님은 위로의 말 한마디도 해 주지 않았다. 간신히 제민이를 다시 찾고 그 주일에 구역 예배를 드리는데, 앞집 사는 그 집사님이 제민이를 위해 기도하는 소리에 그만 귀를 틀어막고 싶었다. 꼭 동냥 받는 것 같았기 때문이다. 제민이 어머니는 그때부터 하나님 믿기를 그만두었다. 제민이가 사랑챔버에 가자고 하는 바람에 어쩔 수 없이 교회에 다시 발걸음을 했지만, 마음 문만큼은 굳게 걸어 잠갔다. 그러다 서서히 마음이 녹아 다시 신앙생활을 하려는데, 제민이가 또 동네에서 힘든 일을 겪었다. 그 주일 설교 시간에 목사님의 설교를 듣고 또 한번 화가 치밀었다.

"걱정하지 마십시오. 하나님께서 다 보살펴 주십니다."

어린 제민이가 그렇게 당하고 있을 때 하나님은 도대체 무엇을 하셨단 말인가? 왜 하나님은 제민이만 보살피시지 않는단 말인가?
제민이가 동네 아이들한테 폭행을 당한 지 1년이 지났는데도 어머니는 그때만 생각하면 숨을 제대로 쉴 수 없을 만큼 고통스러워했다. 세상이 정말 밉고 싫었다.
그런 제민 어머니가 어제 예배를 통해 하나님을 예배하게 되었고, 원망과 미움이 녹아내렸다고 고백한 것이다. 하나님이 그 마음을 만져 주지 않으셨다면 어떻게 그 마음이 녹았겠는가. 나는 나도 모르게 이렇게 말했다.

"어머니, 내일 얼바인온누리교회에서 간증하세요!"

제민 어머니는 들었는지 못 들었는지 대답이 없었다.
LA에서 하룻밤 묵고 남가주사랑의교회에서 연주를 무사히 마친 후 그 다음날 얼바인온누리교회에서 수요예배 때 연주를 하기로 했다. 수요일 오전 얼바인온누리교회로 가는 버스 안에서 나는 제민 어머니께 다시 한 번 물었다.

"간증 준비하셨죠?"

제민 어머니는 한국에서도 안 해 본 간증을 미국에서 하게 생겼다며 당황해 하면서도 내 뜻을 따라 주었다.

공연이 시작되고 4중주 연주까지 끝났을 때, 제민 어머니가 간증을 하러 무대에 섰다. 하나님께 감사를 올리고, 방금 비올라 연주를 한 제민이를 '약간 부은 조인성' 같이 잘생겼다고 소개를 한 후 내려오려고 하기에 좀 더 하라고 손짓을 했다. 제민 어머니는 수첩을 뒤적거리더니, 아까 화장실에서 기도하며 몇 자 적었는데 하나도 보이지 않는다며 상용이와 상용이 어머니 이야기를 꺼냈다.

"어제 상용이 어머니께서, '작은 빛도, 티끌만 한 소금도 되지 못할 것 같은 우리 아이들이 이렇게 음악으로 쓰임 받게 되어 누군가를 도울 수 있어서 얼마나 기쁜지 모른다'고 울먹이셨는데, 그 마음이 꼭 제 마음입니다. 20년 동안 내 맘에 한처럼 원망으로 남아 있던 것이 있었습니다. 사람들의 냉대와 무관심을 받으며 돌처럼 굳어 버린 제 마음이, 아무리 교회에 다니고 예수님을 알아도 전혀 해결되지 않을 것 같은 제 마음이, 이곳에 와서 녹아 내렸습니다."

그렇게 고백하는데 제민 어머니 표정이 정말 홀가분해 보였다. 제민 어머니의 마음이 우리 모두의 마음이었기에 우리는 뜨겁게 느낄 수 있었다.

그날 우리를 위해 준비해 준 얼바인온누리교회의 오색찬란한 점심은 아직도 잊혀지지 않는다. 그동안 고통스러웠던 부모님과 아이들의 마음을 위로해 주시는 하나님의 손길을 느끼며 얼마나 행복했는지 모른다.

제민 어머니의 감동적인 간증은 LA 올네이션스교회에서도 계속되었다. LA 올네이션스교회의 수요저녁예배, 이번 미국 공연 일정의 마지막 연주회였다. 무대에 아이들이 설 자리를 테이프로 하나씩 표시하며 다시 한 번 기도를 드렸다. 하나님께서 아이들의 찬양을 받아 달라고, 제민 어머니와 함께해 달라고.

공연이 끝나고 제민 어머니가 또 간증 무대에 올랐다. 나는 간증을 마치고 돌아오는 제민 어머니를 꼭 안아 드렸다.

"어머니, 너무 잘하셨어요. 하나님이 얼마나 기뻐하셨을까요."

그런데 제민 어머니는 뜻밖의 고민을 털어놓았다.

"서울로 돌아가면 다시 냉정하고 딱딱해져 버리지 않을까요? 그런 걱정이 드는데도 실로 오랜만에 마음이 편안하고 행복하네요."

우리는 제민 어머니 주위에 둘러서서 그 평안한 마음이 서울에 가서도 변치 않기를 간절히 기도드렸다.

목요일, 드디어 7박 8일의 일정을 마치고 한국으로 돌아가는 날이다. 새벽 5시 30분에 일어나서 출발을 서둘렀는데도 샌프란시스코로 가는 비행기를 놓치고 말았다. 서울 가는 비행기까지 놓치면 어떡하나 걱정했는데 신기하게도 23명 모두 그 다음 비행기를 함께 탈 수 있게 되었다.

돌아오는 비행기 안.

"연~주~!"

제민이 특유의 목소리가 들렸다. 바로 뒷좌석에 '약간 부은 조인성 모자'가 앉아 있었다.

우리 챔버 식구들 모두 제민이의 이 애절한 음색을 알고 있는지라, 나도 제민이가 "연~주~!" 하고 외칠 때 얼른 눈치를 챘다. 제민이가 연주하고 싶어 한다는 것을. 제민이는 이 고된 연주 일정에도 정말 행복했던 모양이다. 엄마 때문이 아니라, 선생님 때문이 아니라 음악이 좋아서, 연주하는 것이 좋아서 악기를 잘 다룰 줄 알게 된

어머니들의
강력한 기도

제민이가 대견하고 또 대견했다.

"연~주~!"

비행기에서 쉴 만하면 제민이의 테너 음색이 들려왔다.

제민이 때문에 나는 비행기 안에서 음악 선생으로서 참 행복했다. 가장 좋은 선생은 잘 가르치거나, 대단한 지식을 전달해 주는 사람이 아니라 아이가 스스로 재능을 발휘하고 음악을 사랑할 수 있도록 도와주는 사람이 아니던가.

나는 미국 공연도 갔다 왔으니 이번 화요일 연습은 한 주 쉬자고 마음먹었던 것을 바로 접었다.

비행기가 인천공항에 착륙하고 짐을 찾고 있는데 제민이가 마지막으로 애절한 목소리로 "연~주~!" 하고 말했다.

"그래 제민아, 우리 화요일에 연주 연습하자."

그러자 제민이는 아무렇지도 않게 내 손을 살포시 잡아 주면서 그윽한 눈빛으로 나를 바라보았다. 그 순간 나는 물론이고 제민이 어머니까지 눈이 동그라지며 놀랐다. 자폐증을 가진 제민이가 나를 이렇게 개인적으로 아는 척을 해 준 것은 5년 만에 처음 있는 일이었기 때문이다! 그것은 제민이가 이제 나를 제민이의 '세계'로 받아들이고 존재를 인정해 주는 그런 긴밀한 유대관계를 맺기 시작했다는 첫 신호였다. 사회성이 너무나 없어서 사람들과 눈도 마주치지 않고, 표정도 없는 아이들이 조금씩 내게 반응을 보여 주기 시작한 것이다. 5년 만에….

> "선생님 연주에 반한 건지, 안경에 반한 건지, 함께 너무 많은 시간을 보내서 정이 든 건지, 좌우간 선생님께 마음을 열고 싶은가 봐요."

제민 어머니가 웃으며 말했다.
사랑챔버의 이번 첫 해외공연에서 받은 사랑과 비교할 수 없는 감격적인 순간이었다. "그동안 수고했다"고 등을 두드려 주시는 하나님 아버지의 선물, 선물 중에서도 가장 큰 선물을 받은 느낌이었다. 아버지, 감사합니다!
만약 제민이가 예전보다 조금 나아졌다면 그 까닭은, 음악을 사랑하는 마음 때문일 것이다. 하나님이 제민이에게 심어 주신 세상에서 제일 재미있는 일을 발견했기 때문일 것이다.

미국 연주를 다녀온 뒤로 지금까지 제민 어머니는 사랑챔버의 총무로서 우리의 든든한 일꾼이 되어 주었다. 연습이 끝난 뒤 운영회의를 할 때면 제민이는 "집~에~!" 하고 외친다. 회의에 참석한 엄마에게 빨리 집에 가자고 독촉하는 소리다. 그러면 어머니는 얼른 짐을 챙겨 들고 일어나야 한다. 덩치 큰 녀석이 언제 땡깡을 피울지 모르기 때문이다.

프로다운 연주자들
2006년 홍콩 City Hall 콘서트홀

이연수와 박민수

06
자라나는 아이들

그렇게 오랫동안 함께 생활했지만, 나는 그날 민수에게 이렇게 환한 웃음이 있다는 것을 처음 알았고, 아이들끼리 교류하는 것을 처음 보았다. 민수가 저렇게 웃을 수 있는 아이라니, 더구나 서로 말놀이를 하며 감정을 나눌 수 있다니, 그저 놀라울 따름이었다.

2006년 미국과 홍콩에 이어 2007년에는 괌으로 초청 연주를 다니게 되었다. 온누리 장애인 성인 공동체인 누리사랑부와 함께 갔는데 이 과정에서도 깜짝 놀랄 만한 일들을 수없이 경험했다.

아침에 다 같이 모여 큐티를 하기로 했는데, 스무 명이 넘다 보니 2인실 방에 모두 둘러앉기가 힘들었다. 침대에도 걸터앉고, 심지어 서 있는 사람도 있었다. 학생들도 어눌한 발음으로 돌아가면서 함께 말씀을 읽고 있는데, 남자아이 둘이서 침대에 누워 서로 쓰다듬고 있었다! 마치 원숭이들이 서로 털을 헤집으며 이를 잡아 주는 듯이 사랑이 뚝뚝 묻어나는 표정으로! 어머니들과 나는 믿을 수가 없었다. 자폐증을 가진 사람은 엄마 말고는 아무리 친한 사람이라도 친밀감을 표시하는 경우가 극히 드물었다. 그런데 이게 웬일인가. 그동안 연주를 위해 자주 만나다 보니 아이들끼리도 엄마와 같은 친밀감이 쌓였던 모양이다. 어머니들의 눈이 초승달이 되어 환하게 웃었다.

"십수 년을 특수교육에 바쳐 왔건만 사랑챔버가 특효약이네, 특효약!"

네 살에 겨우 '엄마'를 불렀다는 어떤 아이를 기른 어머니만큼은 잘 모르지만, 내가 봐도 이건 보통 변화가 아니었다.

또 이런 일도 있었다. 이동을 하고 있는데 민수가 갑자기 영훈이를 찾았다.

"영훈이 어딨어? 영훈이 오비더베이~하라 그래!"

그러자 첼로 하는 영훈이가 저 멀리서 민수한테 왔다. 영훈이가 "오비더베이~ 오비더베이~" 하니까 민수가 깔깔대고 웃는 게 아닌가. 그렇게 오랫동안 함께 생활했지만, 나는 그날 민수에게 이렇게 환한 웃음이 있다는 것을 처음 알았고, 아이들끼리 교류하는 것을 처음 보았다. 민수가 저렇게 웃을 수 있는 아이라니, 더구나 서로 말놀이를 하며 감정을 나눌 수 있다니, 그저 놀라울 따름이었다.

원래 자폐증을 가진 사람들은 음에 민감하다고 하는데, 아이들마다 특별히 어떤 말에 집착을 보일 때가 있다.

한번은 레슨을 하면서 "이 곡의 빠르기는 안단테 칸타빌레야"라고 설명을 하자, 연습 내내 "안단테 칸타빌레! 안단테 칸타빌레!" 했다. 처음에는 이해할 수가 없어 당황스러웠지만, 아이들은 어떤 특정한 말이 주는 어감이나 리듬이 마음에 들면 그렇게 하루 종일 말하고 다닌다는 걸 나중에 알았다.

민수는 다른 사람이 "오비더베이~ 오비더베이~" 할 때는 전혀 반응을 보이지 않다가 영훈이가 그 말을 하면 깔깔대고 웃었다. 아마도 영훈이만의 독특한 음색과 말의 리듬이 민수 마음에 쏙 든 모양이었다.

민수는 시차 적응이 누구보다 빨라서 우리들 사이에선 '국제적 오빠'라고 불린다. 민수 어머니 말로는 민수가 서울에서도 밤새도록 음악을 듣는 버릇이 있어서 그러는 거 같다고 했다. 어쩌면 민수는 온 가족의 바람대로 '세계를 다니며 연주하는 꿈'을 이뤄서 더 기뻐했는지도 모른다.

민수는 첼로 하는 상용이의 "뚜뚜뚜~~" 하는 노래에도 깔깔거렸다. 덕분에 우리는 다 같이 악기를 들고 바닷가에 나가 사진을 찍는 데 성공할 수 있었다. 사진을 찍는 집사님이 바닷가에서 멋진 한 컷을 찍어 준다고 해서 모두 악기를 챙겨 들고 바닷가에 나갔는데, 문제는 열 명이 넘는 아이들의 표정이 모두 제각각이어서 사진 찍기가 힘들었다. 수차례 시도했지만 뜻대로 안 되자, 어머니들이 나섰다. 돌 사진 찍을 때처럼 사진사 뒤에서 박수를 치고 물건을 흔들며 주의를 집중시키려 애를 썼다. 그 중에서 가장 큰 걸림돌은 줄곧 무표정으로 일관한 민수였다. 생각다 못해 어떤 어머니가 상용이를 애타게 불렀다.

"상용아, 뚜뚜송!"

상용이가 "뚜뚜뚜~~" 하며 노래를 부르자, "집사님, 지금이에요. 민수가 웃어요! 지금 찍으세욧!" 하는 어머니들의 고함이 이어졌다. 그렇게 해서 모두 행복하게 웃는 멋진 사진이 탄생할 수 있었다. 나는 이 사진을 볼 때마다 웬일인지 눈물이 난다.

진수는 언제나 일어나서 갈듯 말듯 망설이다가 발을 바꾸고 날개 꺾기 춤을 추듯 어깨를 꺾어 박수를 치는 것이 일품이다. 어디를 가려면 스스로 '이랴 이랴' 하듯 엉덩이를 세 번 탁탁 치고 나서 갈듯 말듯 시동을 여러 번 걸어야 한다. 마치 의식을 행하듯 성실하게도 한다. 연습할 때는 또 언제 그랬냐 싶게 진지한 비올리스트가 되곤 한다. 또 어느 해 화이트데이 때는 예의 그 무표정한 얼굴로 눈도 마주치지 않은 채 예쁘게 포장된 초콜릿을 주기도 했다.

나는 진수가 준 초콜릿으로 아이들에게 상을 줬다. 전체 연습을 할 때, 간주 부분에서 바이올린을 기타처럼 잘 잡고 대기하고, 활을 쫙쫙 긋지 않고 애기 활을 잘 쓴 지영이에게 먼저 줬다! 주머니에

넣었다가 나중에 먹으라고 했는데, 어느새 껍질만 바닥에 남았다. 〈아리랑〉에서 '레~솔라' 활을 연결하는 슬러 보잉을 성공시킨 제민이에게도 주었는데, 제민이는 상으로 준 것 말고도 두 개나 더 가져갔다.

상용이는 피아노 전주가 나오는 동안 활을 잘 준비시켜서 허쉬 키세스 초콜릿을 하나 주었더니, "허쉬!" 하면서 다른 것을 찾았다. 내 가방을 한참 뒤지더니 허쉬 미니 초코바를 가져가면서 기특하게도 키세스 초콜릿은 돌려주었다.

언젠가 간식 시간에, 상용이가 갑자기 내 곁으로 오더니 내 손을 잡고는 엄지손가락을 꺾기 시작했다. '뚜두둑' 소리가 요란하게 나서 얼른 뿌리쳤는데 머릿속으로는 오만 가지 생각이 스쳐지나 갔다.

'바이올리니스트에게 손은 생명이나 마찬가지인데… 조만간 연주도 해야 하는데… 손에 이상이 오면 어쩌지?'

나중에 알고 봤더니 상용이는 누구랑 친해지면 머리 냄새를 맡아보고 엄지손가락을 꺾는 등의 애정 표현을 한다고 한다. 친한 척하는 상용이가 밉지는 않았지만, 그 뒤로 6개월간은 비 오는 날이면 통증이 느껴졌다. 그럴 때면 "아 하나님, 이제 연주까지 하지 말란 말인가요" 하며 원망하기도 했다.

그러고 나서 얼마 후 연습 때 물을 마시려고 종이컵을 들고 가는데 상용이가 또 다가오는 게 아닌가. 또 손을 꺾으려는 줄 알고 잔뜩 긴장을 했는데, 어느 결에 내 손에 든 종이컵을 휙 낚아채 갔다. 순식간에 일어난 일이라 얼른 이해가 되지 않아 쳐다보고 있는데, 상용이가 종이컵에 물을 따라서는 눈도 마주치지 않고 불쑥 내미는 것이었다. 휴! 돌발 행동에 간이 콩알만 해질 때도 많고 언제나 무표정한 얼굴이지만 상용이는 나한테 대단한 젠틀맨이다!

생각해 보면 이 아이들과 이렇게라도 마음을 나누게 된 것이 기적이다. 사랑챔버 아이들은 오늘도 이렇게 날마다 기적과 같은 성장을 하고 있다.

전체 연습 때 집중하는 임진수 / 비올라

07
함께 부르지 못한 노래

내 귀에는 분명히 아이들의 현 소리가 들렸다. 상용이의 첼로 소리도, 민수의 바이올린 소리도, 지영이가 큼큼하는 소리도, 딴짓하다가도 자신의 연주 부분이 되면 어느 음악가 못지않게 집중하는 아이들의 그 진지한 눈빛을 마음속으로 느끼고 또 느꼈다.

사랑챔버와 함께하면서 한 가지 분명하게 깨달은 것이 있다면, 음악을 하는 목적은 화려한 경력을 쌓기 위해서가 아니라 정말 좋기 때문에 하는 것이고, 함께 나눌 수 있어야 한다는 사실이다.

2006년 연말에 나는 영산아트홀에서 독주회를 갖기로 하고 준비를 했다. 그러면서 장영주 씨가 부산 소년의집 아이들과 함께 연주한 것처럼 나도 앙코르 순서에 사랑챔버를 초청하고 싶었다.

기획사는 별 문제 되지 않을 것이라고 해서 아이들에게 "선생님 독주회 때 앙코르 공연을 함께하게 될 거야"라고 미리 말해 주었더니, 모두 기대에 부풀었다.

그런데 연주회를 코앞에 둔 어느 날 공연장 측에서 난색을 표했다.

"그건 좀 안 될 것 같습니다. 이곳은 정통 클래식 음악가들을 위한 무대입니다. 음악도 전공하지 않은 아마추어들을 무대에 세울 수는 없습니다."

우리 사랑챔버는 모두 대학에서 음악을 전공하지는 않았다 해도, 해외 연주까지 한 뮤지션들이었다. 미국과 홍콩에서도 정식 클래식 공연장에서 연주했고, 어느 누구도 그것을 문제 삼지 않았었다.

그리고 음악에 대한 열정과 사랑만큼은 그 누구와도 비할 수 없었다. 내 자식이 모욕을 당한 것처럼 화가 나서 따지려는데 공연장 측은 다시 한 번 못을 박았다.

"제가 알기로는 사랑챔버 분들이 장애를 갖고 있다고 하는데, 저희는 아직 장애시설을 제대로 갖추고 있지 않습니다. 선생님의 마음은 잘 알겠지만, 저희들 원칙이니 이해해 주시기 바랍니다."

힘이 쭉 빠졌다. 기획사를 통해 정식 '공문'을 보내 보라고 해서 자료를 퀵으로 보냈지만, 돌아온 대답은 역시 'No'였다.
담당자는 얼마 전 장애인 팀이 공연을 했는데, 장애시설을 갖추지 못해 민원이 들어오는 등 여러 가지 문제가 있었다고 해명했다. 사랑챔버 아이들을 어떻게 설득시켜야 하나? 사랑챔버 아이들은 자폐증을 가진 아이들이 많아 한 번 머릿속에 입력되면 좀처럼 바뀐 상황에 적응하지 못해 어떤 말로도 설득하기 어렵기 때문이다. 아이들과 경솔하게 미리 약속한 내 잘못이 컸지만 한편으론 억울하기도 했다.
독주회 전날, 두렵고 떨리는 마음이 나를 덮쳐 왔다. 기도하려고

두 손을 모아도 집중이 안 되고, 운동이라도 해서 떨쳐 버리려 했지만 마침 비가 와서 그러지도 못했다. 착잡하고 심란한 마음으로 책상 위의 말씀 캘린더를 뒤적거리고 있는데 한 말씀이 가슴에 박혔다.

> "여호와는 나의 힘과 나의 방패이시니 내 마음이 그를 의지하여 도움을 얻었도다 그러므로 내 마음이 크게 기뻐하며 내 노래로 그를 찬송하리로다" –시편 28:7

내 근심의 방패가 되어 준 이 말씀에 얼마나 위로를 받았던지, 나는 종이에 옮겨 적어 악기 케이스에 넣어 두고는 몇 번이고 꺼내 읽었다. 말씀에 온전히 의지하기는 힘이 들지만, 일단 주님께 맡겨 놓으니 주님이 역사하시기 시작했다.

다음날 드디어 독주회가 있는 아침, 갑자기 고등학교 때 조회 시간에 불렀던 찬양이 생각났다.

> Breathe on me, breath of God,
> Fill me with life anew,
> That I may love what Thou dost love

And do what Thou wouldst do
주님의 숨(성령)으로 나에게 부으소서
나를 새로운 생명(영)으로 채우소서
그리하여 주님께서 사랑하는 것을 나도 사랑하게 하시고
주님이 하시고자 하는 일을 나도 하게 하소서

분장실에서 이 찬양을 몇 번이나 부르며 주님께 긴장된 마음을 의탁했다.

독주회에 사랑챔버 단원과 어머니들이 많이 와서 축하해 주었다. 주님은 이미 말씀으로 들려주신 대로 내 찬양을 받으셨다. 연주는 순조로웠고, 오랜만에 음악가로서 무대에 선 것을 하나님께 감사했다. 마지막 곡까지 연주를 마치고 드디어 앙코르 공연 박수를 받았다.

비발디의 사계 중 겨울 2악장. 사랑챔버 아이들도 능숙하게 연주하는 이 곡을 함께 연주했더라면 얼마나 좋았을까. 익숙한 손놀림이 아니라 마음 깊은 소리로 연주하는 우리 아이들의 놀라운 성장을 보여 주면 얼마나 좋았을까. 이 아이들이야말로 진정한 뮤지션이라는 사실을 알려 주고 싶었는데, 겨우 2분짜리 연주를 못하게 하다니, 또다시 분이 났다.

비록 아이들은 무대 위에 없었지만, 사랑챔버 아이들과 함께한다는 마음으로 아이들이 쉽게 연주할 수 있도록 키를 바꾼 D장조로 연주했다. 나는 연주하는 내내 아이들이 연주하는 모습을 보았다. 내 귀에는 분명히 아이들의 현 소리가 들렸다. 상용이의 첼로 소리도, 민수의 바이올린 소리도, 지영이가 큼큼하는 소리도. 딴짓하다가도 자신의 연주 부분이 되면 어느 음악가 못지않게 집중하는 아이들의 그 진지한 눈빛을 마음속으로 느끼고 또 느꼈다.

독주회가 끝나고 만난 어머니와 선생님들의 눈가가 촉촉하게 젖어 있었다. 사랑챔버 식구들만이 그 눈물의 의미를 알 수 있었다. 누군가 말했듯이 그날의 앙코르곡은 '눈물의 비발디'였다.

08
영산아트홀,
바로 그 무대에 서다

지난 독주회 때 함께 무대에 서지 못하고 거절당했던 바로 그곳에서 우리 아이들이 연주를 하게 되었다. 하나님의 섭리는 이렇게 때를 기다려야 하는 모양이다. '우리의 꿈을 이루다니! 우리가 이 무대에 함께 서다니!' 연주를 하는 순간에도 믿어지지 않았다. 그 사실이 너무 감사하고 기쁘고 행복해서 지휘하는 내내 웃음이 나왔다.

정은미 선생님과 하웅주 선생님

그 다음해인 2007년 4월에 덕영재단 주최로 'To Know, To Love 자폐증을 가진 청소년 음악교육 지원을 위한 사랑의 음악회'에 우리 사랑챔버가 한 순서를 맡게 되었다. 몇 년 전 덕영교육재단에서 덕영트리오를 만들었는데, 그 코칭을 소마 트리오의 이민정 선생님과 내가 맡게 되었다. 덕영재단이 세계 유명 학자들을 모시고 'ASD(Autism Spectrum Disorder) 자폐성 범주 장애'라는 세미나를 기획했는데, 음악회가 그 행사의 오프닝으로 마련된 것이었다. 음악회 1부는 첼리스트 양성원 씨가, 2부는 우리 사랑챔버가 연주했다.

그런데 연주 장소가 바로 영산아트홀이었다. 지난 독주회 때 함께 무대에 서지 못하고 거절당했던 바로 그곳에서 우리 아이들이 연주를 하게 된 것이다. 하나님의 섭리는 이렇게 때를 기다려야 하는 모양이었다. 더구나 덕영재단은 이번 공연이 자폐증을 가진 청소년 음악교육을 위한 것이므로 티켓 판매 수익금의 전액을 온누리 사랑챔버에 기부하겠다고 했다. 이번 공연은 그야말로 참고 인내한 우리에게 보상하시는 하나님의 선물이었다.

이번 공연에는 팀명을 '사랑플러스'로 정해 그동안 각자 연주 활동을 하면서 사랑챔버에서 자원봉사하던 선생님들도 함께 참여하기로 했다.

박혜신과 김세영
영산 대기실에서 방송국 인터뷰

연주회 당일, 평화방송과 아리랑TV, SBS 등 다섯 군데 방송국에서 우리를 촬영하러 왔고, 티켓은 매진되었다. 덕영재단 덕분에 사랑챔버는 정식 음악가로 인정받으며 이 무대에 오른 것이다.

나는 그동안 연습을 위해서든 연주를 위해서든 사랑챔버를 이끌고 지휘를 할 때면 언제나 눈물이 핑 돌았다. 아이들이 너무 사랑스러워서 그랬고 대견해서 그랬다. 하지만 그날은 달랐다. 내 마음이 기뻐서 춤을 추었다.

'우리의 꿈을 이루다니! 우리가 이 무대에 함께 서다니!'

연주를 하는 순간에도 믿어지지 않았다. 그 사실이 너무 감사하고 기쁘고 행복해서 지휘하는 내내 웃음이 나왔다. 그런데 문제는 내가 하도 웃어서 약속된 손 모양이 뒤죽박죽 된 것이다. 틀려 놓고는 '아이고 틀렸네!' 할 새도 없이 나는 또 기쁨의 감동을 누렸다. 내가 틀릴 때마다 이상한 음이 울렸기 때문이다. 이럴 때는 보통 당황해야 맞는데 그만큼 손 모양을 따라서 연주하는 화음팀 아이들은 내 손에 집중해서 내 틀린 손 모양을 보고 '맞게' 연주를 했던 것이다. 그 사실이 또 얼마나 고맙던지….

드디어 마지막 순서, 불을 끄고 무대를 세팅하는 데 시간이 많이 걸렸다. 하지만 무대에서 어슬렁거린 제민이 외에는 모두 의젓하게 기다려 주었다. 또 그것이 얼마나 감동적이던지….

다음날, 나도 모르게 웃으면서 눈을 떴다. 밤새 연습 장면과 연주 장면이 떠올라서 쉽게 잠이 들지 못했다. 어제의 그 감격을 이어 가기 위해 온 가족이 악기 하나씩 들고 연주에 나섰다. 나는 바이올린을, 딸 규영이는 플루트를, 남편은 전자기타를, 일곱 살 아들 규언이는 아빠가 쓰다가 물려 준 전자기타가 너무 무거워 바닥에 눕혀 놓고 연주를 했다. 신이 났다.

마침 몇 주 후에 있을 가족 특별 찬양 연습을 하기로 했다. 곡목은 소울 싱어즈의 〈완전한 사랑〉.

"사랑은 오래 참고…"를 따라 부르는데 벅찬 감격이 몰려와 그동안 참았던 울음을 쏟아 놓고 말았다. 엉엉엉! 남편도 아이들도 갑작스런 나의 통곡에 어리둥절해했다.

연주가 끝나면 나는 꼭 친정 엄마에게 전화를 걸어 평을 듣는다. 이번에도 전화를 걸었더니 아빠가 먼저 위로해 주셨다.

"사랑플러스, 그거 이름 참 잘 지었더라."

엄마도 위로해 주셨다.

"어머니들이 얼마나 기도를 많이 하셨으면 애들이 그렇게 얌전하게 무대 위에 잘 서 있다니…."

바쁜 시간을 쪼개 연습에 매달리면서 내 잔소리까지 들어야 했던 선생님들, 약속을 잘 지켜 준 아이들에게 어떻게 감사한 마음을 다 표현할 수 있을까? 더구나 연주회 때마다 체험하는 어머니들의 중보기도의 힘! 이번에는 정말 강력했다!

덕영재단 이사장님이 가톨릭 신자여서, 공연 때는 평화방송에서도 중계차가 왔다. 우리의 연주가 평화방송을 타고 여러 번 방영되기도 했다. 그러는 바람에 여기저기서 인터뷰 요청도 많았고, 사랑챔버 단원이 되고 싶다는 문의 전화도 많이 받았다.

나중에 ASD 세미나에 참여했던 자폐증을 연구하는 전문가 한 분이 우리의 연주를 보고 이렇게 말했다.

"자폐증이 있는 아이들은 집중을 못하는데, 이렇게 지휘자의 지시에 따라 훈련된 것이 정말 기적이네요. 같은 시각장애인끼리는 어느 정도 호흡을 맞출 수 있겠지만, 이렇게 다양한 유형의 지적장애를 가진 아이들이 멋진 하모니를 이룬다는 것은… 아마 세계에서도 찾아보기 힘들걸요."

이 말을 듣고 나니 더욱 기쁘고 감사했다. 영산아트홀 콘서트 이후 사랑챔버 커뮤니티 사이트에 제민이 어머니가 놀라운 간증을 올렸다.

얼마 전 오랜만에 영산 콘서트에 온 친구를 만났습니다. 그 친구는 어려운 일도 꿋꿋이 이겨낸 의지가 매우 강하고 부지런한 친구입니다.

"영산 콘서트를 보고 나서 너한테 꼭 하고 싶은 말이 있었어. 사실 그날 몸이 너무 아파서 안 가려다가 생전 처음 하는 네 부탁이니 얼굴이라도 비쳐야겠다 싶어 연주회장에 간 거였어. 그런데 그날 태어나 처음으로 이상하고 신비로운 경험을 했단다. 네 아들을 가르치는 선생님들이 연주할 때였는데, 갑자기 선생님들 머리 뒤로 환한 후광이 비치면서 내 아픈 몸이 순식간에 말짱해진 거야. 정말 희한하고 놀라운 경험이었어."

하나님을 모르는 친구의 입에서 이런 고백을 듣게 될 줄은
정말 몰랐습니다. 순간 눈물이 핑 돌더군요. 연주에 앞서 선

영산아트홀
대기실의 여유

생님과 어머니들의 기도가 이런 식으로 응답을 받는구나 싶었습니다. 친구의 경험은 제게도 신비한 경험이었습니다. 이것이 친구가 하나님과 만나는 소중한 계기가 되기를 소망합니다.

Part III
하나님의
선물 보따리

든든한 민수, 숨과 활을 잘 지킨 혜신, 우아한 지영, 연주를 즐기는 길원, 기특한 소현, 흐뭇해 하는 연수, 행복해하는 지원, 떳떳한 경진, 춤까지 추는 신애, 이번 무대에서 데뷔한 승규, 책임감 넘치는 완이, 성실한 인경, 착실한 석휘, 폼 잘 잡는 진수, 미소 왕자 제민, 대가 어령, 이제 자주 눈 맞춰 주는 상용, 신나서 어쩔 줄 모르는 세영, 안정적인 영훈… 모두 하나님께서 내게, 아니 우리 모두에게 주신 선물들이다.

01 '눈물과 헌신'의 양식을 먹고 자라는 아이들
02 한 10년 투자해 보시죠
03 예술의전당에서 콘서트를!
04 Wait and see!
05 또 다른 선물들…
06 연극 대본에서 동화책까지
07 용납
08 Since1999 10년간의 기적
09 두 번째 미국 연주

01
'눈물과 헌신'의 양식을
먹고 자라는 아이들

어머니들의 아이를 향한 사랑은 나를 향한 주님의 사랑을 보는 것만 같다. 하나님이 나를 얼마나 사랑하시는지, 나를 위해 얼마나 많은 희생을 하시는지도 모른 채 앞만 보고 살아온 나. 그래서 주님은 내게 사랑쟁버 어머니들을 붙여 주셨다. 요즘 주님은 내가 너를 얼마나 사랑하는지 이제 좀 알겠느냐고 물어 보자곤 한다.

시대에 발맞추어 미국 연주 후에 사랑챔버 커뮤니티 사이트를 만들었는데, 이제는 선생님들, 어머니들, 아이들의 훌륭한 의사소통 도구가 되고 있다. 우리는 사이트를 통해 연주와 연습 일정을 공유하고, 긴급 기도 제목도 올리고, 함께 축하할 소식을 나누고 있다.

하루는 사랑챔버 커뮤니티 사이트에 흥미로운 글이 올라왔다.

개강 총회 날이었다. 자리에 앉아 있는데 중년의 여자 분이 학생이라고 하기에는 나이가 많이 들어 보이는 남자의 손을 꼭 잡고 강의실에 들어왔다.
워낙 전후좌우를 잘 보는 나는(ㅋㅋㅋ) '모야? 잘못 들어왔나? 누구지?' 하고 생각했다.
그리고 그 짧은 시간에 이런 생각까지 했다

'모야… 연상연하 커플인가? -_-; 침입자다!!' -.-

중년의 여자 분은 남자 손을 꼭 잡고 한 손에는 수첩을 들고 있었다. 개강 총회가 시작되었는데도 그들은 자리를 뜨지 않았다. 복학생과 편입생 인사에 이어 그 남자 분이 마이크를 잡았다. 더듬더듬 자기소개를 하는데 솔직히 당황스러웠다. 곧이어 여자 분이 마이크를 잡더니 "우리 아들인데 어릴 때 머리를 다쳤지만 연주는 아주 좋아하고 잘해요" 하셨다.

순간 멍~.

우리 모두는 힘껏 박수를 쳐 주었다. 순간 가슴이 뭉클해지면서 어머니가 너무나 훌륭해 보였다. 건강한 아이를 기르는 것도 힘에 벅찬데 장애아이의 숨겨진 자질까지 키워 낸 어머니… 정말 너무나 존경스러웠다.
정말 진심으로(이름을 한 번 들어서 기억이 잘 나지는 않지만…^^;;) 그 남학우가 훌륭한 어머니만큼이나 자랑스러운 세종대 음악과 졸업생이 되길, 그리고 멋진 연주자가 되길 바란다.
음악과 화이팅!!

댓글

-이거 우리 음악과 얘기야?? 아니어도 멋지다~ 브라보 음악과~!

-우리 음악과 얘긴데.

안드레아 보첼리, 토마스 크바스토프, 최승원, 요시카즈 메라는 모두 불굴의 역경을 딛고 일어난 이 시대의 위대한 음악가들입니다. 남들과 다르다는 편견을 딛고 일어서서, 정말로 남들과 다른 아주 놀랍고 위대한 능력으로 세상을 놀라게 하는 분이 되기를 바랍니다.

-나름 깨닫게 된 것이 많습니다~ 진심으로 응원합니다! 화이팅!!!

-06학번 김어령으로 알고 있어요~^^ 화이팅~!!

-진짜 김어령이에요?? 즉흥곡 천재;;???

-정말 감동이에요ㅠ 훌륭하신 어머니께 배우는 게 많습니다.

-진짜 존경스러워혐.

-"우리 아이가 조금 특별해요 우린 2인 1조예요." 이 대목에

서 울컥… 너무 멋지세요, 정말.

—정말 저도 그 대목에서 완전 ㅠㅠ 울컥.

—정말… 멋지세요 ㅠㅠ 저 정말 음악과 자랑스러워요!!!

어령이와 어머니의 아름다움은 숨기려고 애를 써도 드러나는 모양이다. 어령이는 2008년에 세종대학 음악학과에 편입하게 되었다. 사랑챔버 학생들 중에서 클라리넷을 하는 완이에 이어 두 번째로 자랑스런 클래식 음악 전공자가 된 것이다. 지적장애를 가진 어령이가 이처럼 어엿한 대학생으로 성장하기까지는 어머니의 눈물과 헌신이라는 밑거름이 필요했다. 어령이 어머니의 표현대로 장애아와 어머니는 너무나 사랑스러운 2인 1조다.

한국 어머니들, 특히 클래식 음악을 전공하는 자녀를 둔 어머니들은 조금 '극성스럽다'. 아이들이 연주하는 모습을 비디오로 촬영해서 모니터해 주는가 하면, 아이가 레슨을 받는 건지 어머니가 받는 건지 헷갈릴 정도로 질문 공세를 퍼붓기도 한다. 게다가 장애가 없는데도, 아이 대신 악기를 대신 짊어지고 다닌다. 남보다 더 잘하게 하기 위해 지나친 간섭을 하는 어머니들을 보면 사랑챔버 어머니들의 사랑과 헌신이 얼마나 값진 것인지 새삼 깨닫게 된다.

장애가 있지만 그 아이들이 갖고 있는 무한한 가능성을 기대하며 2인 1조의 삶을 받아들이기까지 어머니들이 겪었을 수고가 얼마나 컸겠는가. 오랫동안 뜨거운 용광로에서 담금질을 당하며 정금과 같은 사랑을 가슴에 담아 낸 어머니들인지라 '진짜' 사랑을 나눌 줄 안다. 우리 아이들이 자신만 알지 않고 자기가 가진 아주 작은 달란트라도 서로 나눌 줄 아는 사람으로 성장한 데는 어머니들의 사랑이 있었기 때문이다. 사랑챔버 아이들은 화려하고 멋진 삶은 아닐지라도 다른 사람의 작은 도움에도 감사할 줄 알고 자기 역시 도울 줄 아는 사람으로 살아갈 것임에 틀림없다.

언젠가 어령이 어머니가 액자를 하나 선물해 주었다. 어령이가 그린 그림이라고 했는데, 집에 와서 풀어 보고는 너무나 감탄스러웠다. 어령이가 종이컵 밑바닥에 그려 놓은 바이올린 그림으로 만든 것이었다. 종이컵의 밑 부분만 잘라서 바이올린의 옆모습, 뒷모습, 정면, 클로즈업 등 16개를 예쁘게 붙여 놓았다. 어령이는 첼로를 잡고 있지 않으면 늘 냅킨이나 종이컵을 뒤집어서 밑바닥에 사인펜으로 그림을 그리곤 했다.

'어떻게 이 그림을 다 모으셨지?'

2001년 관훈갤러리에서 어령이의 그림 전시회를 열었을 때도 어떻게 이 그림들을 하나도 버리지 않고 다 모았을까 감탄했는데, 이번 액자도 그랬다. 음악과 그림을 사랑하는 어령이의 마음과, 어느새 세상 모든 사람을 곱게 품게 된 어령이 어머니의 마음이 고스란히 느껴졌다.

사랑챔버 부모님들을 뵐 때마다, '엄마'란 어떠한 사람이어야 하는지, '아빠'는 어떠한 사람인지를 배운다.

한번은 연주회에 갔다가 지영이네 부모님 차를 얻어 탄 적이 있다. 나도 두 아이를 키우는 엄마지만, 지영이 어머니처럼 다정다감한 엄마는 못 될 것 같다.

"저건 뭐야? 우와, 음악학원이라고 써 있네. 우리도 음악학원 다녔었지? 음악학원에서는 악기를 가르쳐 주지? 간판색은 개나리색이네. 노란색이네. 저것 좀 봐봐, 저건 뭐지?"

지영이 어머니는 운전을 하면서도 끊임없이 아이에게 말을 걸어 주었다. 자폐증이 있는 지영이는 엄마의 말을 듣는지 마는지, 특유의 무표정으로 일관했지만, 엄마의 친절한 설명은 우리가 목적지에 도착할 때까지 계속되었다.

나는 어떤가. 지영이 어머니처럼 한결같이 친절하기는커녕 늘 바쁘다는 핑계로 엄마가 있어야 할 자리조차 지켜 주지 못할 때가 얼마나 많았는가. 아이가 질문하면 부모가 아무리 피곤해도 대답해 줘야 한다는 것을 알면서도 답을 못해 줄 때가 얼마나 많았는가.

아이를 향한 어머니들의 사랑은 나를 향한 주님의 사랑을 보는 것만 같다. 하나님이 나를 얼마나 사랑하시는지, 나를 위해 얼마나 많은 희생을 하시는지도 모른 채 앞만 보고 살아온 나. 그래서 주님은 내게 사랑챔버 어머니들을 붙여 주셨다. 요즘 주님은 내가 너를 얼마나 사랑하는지 이제 좀 알겠느냐고 물어 보신다.

그 아름다운 2인 1조들을 매주 만날 수 있다는 것이 내게 큰 위안이 된다. 사랑챔버의 2인 1조 여러분~, 존경합니다!

02
한 10년 투자해 보시죠

그날 우리 선생님들과 나는 한동안 충격에서 헤어나지 못했다. 그리고 그때 알았다. 아이들마다 통하는 지도법이 따로 있다는 사실을. 선생이 아이에게 맞는 지도 방법을 찾아낼 수 있다면 한 아이도 포기하지 않고 음악을 가르칠 수 있다는 사실을. 또 영훈이처럼 적어도 10년은 기다려 줘야 한다는 사실을.

지적 장애를 가진 아이들이 모두 그렇지만, 레슨을 한다고 해서 꼭 실력이 부쩍부쩍 늘지는 않는다. 밑 빠진 독에 물 붓는 것처럼 가슴이 답답해질 때가 많다. 하지만 그 시기를 묵묵히 견디고 나면, 지금까지 할 줄 알면서도 일부러 딴청을 부린 것처럼 곧잘 따라하는 순간이 있다. 그때의 감격이란 직접 경험해 보지 않으면 알 수 없다. 그래서 한 아이도 포기할 수가 없다. 조금만 참고 기다려 주면 아이들이 자기 악기로 소리를 낼 수 있게 되고, 함께 연주하는 기쁨을 맛볼 수 있어 자존감도 높아지고 장애를 이겨나갈 힘을 얻을 수 있기 때문이다. 하지만 부모가 지치고 선생이 지쳤을 때는 방법이 없다.

물론 재능이 탁월한 아이들도 있다. 하지만 아무리 타고난 재능이 탁월해도 아이가 악기를 다루고 싶다는 강렬한 욕구가 없다면, 그리고 부모나 선생이 '도저히 안 돼' 하고 손을 놓아 버리면 그 재능은 무용지물이 되고 만다. 그러므로 아이나 부모, 혹은 선생 중 한 명이라도 가능성을 믿고 끝까지 밀어붙여야 값진 성과를 얻을 수 있다.

특히 부모가 아이의 가능성을 믿지 않으면 실력이 향상되기 어렵다. 레슨할 때 지적받은 것을 집에서 부모의 지도 하에 꾸준히 연습한 아이들과 그렇지 않은 아이들의 결과는 그야말로 하늘과 땅의

차이다.

전체 연습할 때 많은 부모님이 아이들 손을 붙잡고 참관하러 온다. 하지만 한두 번 참관하고는 발길을 끊는 분도 많다.

"우리 아이는 아무래도 안 될 것 같아요. 장애가 너무 심해서요."

그러면 우리는 말린다.

"여기서 연주하는 우리 친구들도 처음부터 이렇게 잘하지 않았어요. 지금 따님보다 장애가 심한 아이들도 많아요. 그래도 다 이겨 내고 꿋꿋하게 잘하고 있어요. 아이들 힘으로 하는 게 아니라 서로 사랑하는 힘으로 하니까요. 어머니가 결단하고 인내하시면 돼요."

하지만 이 말을 믿고 따르는 분은 많지 않다.

어느 날 자원봉사를 신청한 배성은 선생님한테 초창기 멤버 영훈이를 부탁했다. 영훈이를 가르치던 선생님이 멀리 이사를 가는 바람에 한동안 영훈이가 레슨을 쉬고 있었던 것이다.

새로운 첼로 선생님과 레슨을 시작한 지 얼마나 지났을까, 나는 전체 연습을 지도하다가 영훈이를 보고 깜짝 놀랐다.

"영훈아, 이제 멜로디가 되네!"

10년 동안 그렇게도 움직이지 않던 영훈이의 손이 휘휙 돌아가 줄도 바꾸고, 손가락도 바꾸고 멜로디를 내고 있었다!

"우와! 선생님, 어떻게 하신 거예요?"

선생님은 함박웃음을 지으며 말했다.

"컬러 악보 지도법이 영훈이랑 너무 잘 맞더라고요. 우리 애들 어렸을 때도 악보를 컬러로 만들어서 해봤는데, 영훈이도 잘 따라하더라고요."

악보에 한 줄에 있는 음들을 같은 색 커다란 음표로 일일이 그려서 영훈이가 악보를 색깔로 인지하도록 만든 것이다. 물론 사랑챔버에서는 오래전부터 지판과 손가락에 같은 컬러 스티커를 붙여 아이들에게 적용해 왔지만, 악보 자체를 컬러로 만들지는 않았다.

예전에 다른 학생에게 컬러 악보를 시도해 본 선생님도 있었지만, 속 시원한 결과는 얻지 못했다. 그런데 영훈이에게는 그 지도법이 통했던 것이다. 그후 영훈이는 10년 동안 화음만 하면서 익혔던 곡들을 빠른 속도로 마스터해 나갈 수 있었다.

좌우간 그날 우리 선생님들과 나는 한동안 충격에서 헤어나지 못했다! 그리고 그때 알았다. 아이들마다 통하는 지도법이 따로 있다는 사실을. 선생이 아이에게 맞는 지도 방법을 찾아낼 수 있다면 한 아이도 포기하지 않고 음악을 가르칠 수 있다는 사실을. 또 영훈이처럼 적어도 10년은 기다려 줘야 한다는 사실을.

나는 그날 민수 어머니의 상담이 진짜라는 것을 알았다. 사랑챔버에 문을 두드리는 학부모들이 반드시 묻는 것이 있다.

"어느 정도 하면 사랑챔버 연주팀처럼 연주할 수 있나요? 소리도 제대로 내고요."

그러면 민수 어머니는 이렇게 대답한다.

"한 10년 투자해 보세요!"

그래, 한 아이마다 10년만 투자해 보지 뭐. 어쩌면 이래서 하나님께서 내가 조금이라도 젊었을 때 이 사역을 시키신 것인지도 모르겠다.

03
예술의전당에서
콘서트를!

하나님은 얼마나 세밀하신지, 예술의전당 콘서트홀은 정말 적당히 가득 찼다. 보통 아무리 유명한 연주회라도 합창석까지 열어놓는 경우는 드문데, 그 날은 합창석까지 적당히 꽉 차서 그야말로 넘치지 않게 되었다. … 꿈만 같은 하루가 지났지만 나는 하루 종일 울었다. 모두 자랑스럽고 기특했다.

"예술의전당에서 콘서트를 하게…." 나는 미처 말을 끝내지 못하고 울음을 터뜨렸다. 이동하는 차 안에서 차창 밖으로 스쳐 지나가는 웅장한 예술의전당을 보면서 어머니들과 선생님들이 10주년에는 저곳에서 연주회를 갖자고 농담처럼 말하고는 기도했던 일이 현실이 된 것이다. 10주년을 1년 앞당긴 2008년에, 우리 사랑챔버는 덕영재단 주최로 'To Know, To Love' 콘서트를 다시 열게 되었다는 소식을 울먹이면서 전했다.

"이러므로 내가 하늘과 땅에 있는 각 족속에게 이름을 주신 아버지 앞에 무릎을 꿇고 비노니 그의 영광의 풍성함을 따라 그의 성령으로 말미암아 너희 속사람을 능력으로 강건하게 하시오며 믿음으로 말미암아 그리스도께서 너희 마음에 계시게 하시옵고 너희가 사랑 가운데서 뿌리가 박히고 터가 굳어져서 능히 모든 성도와 함께 지식에 넘치는 그리스도의 사랑을 알고 그 너비와 길이와 높이와 깊이가 어떠함을 깨달아 하나님의 모든 충만하신 것으로 너희에게 충만하게 하시기를 구하노라 우리 가운데서 역사하시는 능력대로 우리가 구하거나 생각하는 모든 것에 더 넘치도록 능히 하실 이에게

교회 안에서와 그리스도 예수 안에서 영광이 대대로 영원무궁하기를 원하노라 아멘" -엡3:14-21

곡목을 정하고 기도 제목을 커뮤니티 게시판에 올렸다. 우리 모두의 기도 제목은 연주회 날, 예술의전당 콘서트홀에 하나님의 임재가 가득 차는 것이었다.

온누리교회 양재 성전이 예술의전당 콘서트홀처럼 2000석이 넘는 공간이기 때문에, 우리는 양재 성전에서 특순 부탁을 하면 무척 반가웠고, 무대 연습을 하게 해 주신 하나님께 감사했다. 그때마다 우리는 기도했다.

"주님, 우리의 콘서트가 예배처럼 주님의 임재가 있게 해 주세요."

원래 비올라를 전공했지만 연주팀 연습 때 피아노를 담당하는 이화진 선생님이 왔다.

"저 도저히 못할 것 같아요. 저는 피아노 전공도 아니고, 연주 있을 때 대타 반주로 선 것이 전부인데, 예술의전당 콘서

안수기도를 통해 힘을 얻는 이화진 선생님

트홀에서 스타인웨이 피아노를 치다니요."

우리는 평안 가운데 반주를 할 수 있도록 안수 기도까지 했다.

"기도 응답 세신 어머니들! 이번에는 알맞게 넘치게 기도해요, 우리!"

어머니들과 서로 손을 잡고 이렇게 말하며 깔깔 웃었다. 영산아트홀 연주 때는 어머니들이 기도할 때마다 "넘치게 해 주시고"를 하도 세게 해서 정말 사람들이 넘쳐도 너무 넘쳤다. 그래서 이번 예술의전당 콘서트 때는 "적당히 채워 주소서" 한 것이다.

하나님은 얼마나 세밀하신지, 예술의전당 콘서트홀은 정말 적당

하나님의 꿈이 잉태된 곳
예술의전당 콘서트홀

히 가득 찼다. 보통 아무리 유명한 연주회라도 합창석까지 열어 놓는 경우는 드문데, 그날은 합창석까지 적당히 꽉 차서 그야말로 넘치지 않게 되었다.

연주회 당일 1부 순서에는 소마 트리오가 연주하기로 했는데, 무대 연습을 하면서 이민정 선생님이 말했다.

"이상하다, 오늘은 여기가 교회 같네!"

이날 8중주팀이 유명한 클래식 곡인 모차르트의 〈아이네 클라이네 나흐트무지크〉(Eine kleine Nachtmusik)를 선생님들과 함께 처음으로 연주했다. 그토록 예술의전당에서 울려 퍼지기를 원했던 찬양곡도 주님께 올려 드렸다. 에베소서 말씀처럼 그리스도의 사랑의 넓이와 길이와 높이와 깊이를 알리는 〈예수님 사랑〉이라는 찬양을 맘플러스 어머니들이 수화로 함께했다.

사랑챔버 곡들 사이사이로 무대 세팅을 새로 할 때마다 이런 소리가 들렸다.

"잘한다!"
"맞어! 잘한다!"

나는 '이게 무슨 소리지?' 싶었다. 클래식 공연장에서는 좀체로 듣기 힘든 응원 소리였다. 보통 연주회장에서 그렇게 말하는 것은 실례기 때문이다. 하지만 그날은 복지관과 교회 등에서 단체로 응원하러 온 분이 많았기 때문에 이런 추임새가 조금도 흉이 되지 않았다. 앞사람의 선창을 이어받기라도 한 듯 많은 분들이 격려의 말을 해 주었고, 박수도 쳐 주었다.

꿈만 같았던 하루가 지났다. 하지만 연주가 끝나고 하루 종일 울었다. 든든한 민수, 숨과 활을 잘 지킨 혜신, 우아한 지영, 연주를 즐기는 길원, 기특한 소현, 흐뭇해하는 연수, 행복해하는 지원, 떳떳한 경진, 춤까지 추는 신애, 이번 무대에서 데뷔한 승규, 책임감 넘치는 완이, 성실한 인경, 착실한 석휘, 폼 잘 잡는 진수, 미소 왕자 제민, 대가 어령, 이제 자주 눈 맞춰 주는 상용, 신나서 어쩔 줄 모르는 세영, 안정적인 영훈… 모두 자랑스럽고 기특했다. 아무런 보수 없이도 오랫동안 열심히 지도해 온 30여 명의 사랑플러스 선생님들에 대한 감사를 어떻게 잊을 수 있을까. 이렇게 마음 맞는 동역자를 보내 주신 하나님께 감사드리고 또 감사드린다.

우리는 얼마 뒤에 우리 커뮤니티 게시판을 통해 다음과 같은 소식을 듣게 되었다. FM 93.1 라디오에서 청취자 사연을 소개했다는 것이다.

아주 특별하지 않지만 특별한 음악회

후천적 시각장애인이며 부산점자도서관장을 하고 있는 여고 동창과 대화하던 중 '장애우'란 말을 조심스럽게 사용했는데, 그 친구가 하는 말이 이랬다. 장애인들이 가장 바라는 것은 보통사람들과 똑같이 생각하고 '있는 모습 그대로' 봐 주는 것이라면서 '장애우'란 용어가 오히려 차별적 인식을 담고 있는 말이고, '장애인'이 공평한 표현이란 말을 했다. 이 말을 듣고 장애에 대한 내 무지를 새삼 깨달은 적이 있다.

3월 19일 오후 8시 서울 예술의전당 음악당에서 있었던 '사랑의 음악회 To Know, To Love 2008'은 그런 의미에서 '특별한 음악회'가 아니다. 하지만 다른 몇 가지 점에서 내게는 '아주 특별하지는 않지만 특별한 음악회'였다.

우선 출연진 때문인데, 백화점식이라고 해야 할까, 매우 다양했다. 소마 트리오, 예멜 합창단, 사랑플러스란 연주 단체, 작곡가이며 피아노 반주에 노래까지 직접 하는 에드워드 전, 온누리 사랑챔버. 이들의 공통점은 자신들만의 닫힌 무대가 아니라, 많은 사람들을 향해 음악으로 말을 건다는 것이다.

"장애가 하나쯤 있다고 해서 다르게 보지도 마시고요, 더욱이 연민이나 동정의 시각으로 대하지는 말아 주세요."

내가 화답한 말.

"그럼요, 저보다 훨씬 나은걸요. 저는 취미로 악기 하나 하다가 중도에 그만두어 제대로 연주할 수 있는 곡이 한 곡도 없어요!"

두 번째는, 소위 말하는 무대 매너가 좀 달라도 눈살 찌푸리는 관객이 없고, 약간 소란스러워도 투정하는 이가 없었다는 점이다. 첼로 주자가 활을 크게 흔들며 걸어 나오고 바이올린 주자가 연주 중간에 무대 위에서 폴짝거리며 뛰어도, 음악이 좀 흐트러져도 OK이며, 연주 중 관객석에서 소란스러운 소리가 나도 주의를 주는 사람이 없었다. '브라보'가 아니라 '잘한다'라는 어느 여성 분의 환호에 다른 관객도 박수로 가세하며 동감을 표시하였고, 다른 어느 연주회보다 오랜 시간 동안 우렁찬 박수가 이어졌다.

세 번째는, 소마 트리오의 바이올린 연주자이며, 온누리 사랑챔버의 연주 지도와 지휘를 겸하는 손인경 씨인데, 세계 유수의 교향악단들은 누가 지휘를 맡아도 변함없이 좋은 연주를 들려주지만, 온누리 사랑챔버는 손인경 씨 없이는 연주하는 일이 거의 불가능할 것 같다. 그만큼 그들만의 독특한 언어로 소통하는 손인경 씨의 뒷모습에서 '천사의 날개'를 보았다면 진부한 표현일까? 하지만 상상해 보라. 시각 장애와 청각 장애 등의 신체 장애에 자폐증을 가진 지적장애인들로 구성된 연주 단체가 1999년부터 여러 무대에서 몇 개나 되는 레퍼토리로 연주를 해 왔다는 사실을!

이외에도 여러 가지 '특이한' 것이 많았던 음악회였다. 한 가지 아쉬움이 있다면, 지휘자가 소극적인 시도는 하였지만 피날레를 연주자 전원과 함께 관객이 하나가 되어 〈Amazing Grace〉든 다른 곡이든 목청껏 부를 수 있었다면 하는 점이다. 나처럼 기독교인이 아닌 사람도 정말이지 절대적인 어떤 힘을 느꼈으며 연주자들과 한마음이 되는 것 같았는데, 확실한 지시가 없고 가사도 정확히 몰라서 못 불렀던 것이 못내 아쉽다. 팸플릿에 작년에도 연주회가 있었다고 하니 내년에도 공연이 있다면 내 부탁이 이루어질런지?

우리 모두는 선천적이든, 살아가면서 여러 가지 불행한 사건으로 인해서든 '장애의 가능성'이 있는 사람들이다. 나도 스포츠를 하다 사고로 다치기도 했고, 또 나이가 듦에 따라 불편한 곳이 한두 군데 생기면서 장애라는 것이 '타인'의 일만은 아님을 알게 되었다. 이날 음악회는 넓게는 '우리', '너희'라는 이분법으로 전쟁을 일으키는가 하면 차별로 고통을 주는 현대에 던지는 평화의 메시지였다.

참, 개인적으로는 올해 81세를 맞이하는 시어머님의 생신 축하를 겸한 식사와 음악회였다.

사연이 끝난 후 소마 트리오의 〈당신은 사랑받기 위해 태어난 사람〉이 흘러 나왔다고 한다. 우리 모두는 정말 하나님의 사랑을 듬뿍 받기 위해 태어난 사람들이라는 것을 다시 한 번 느끼게 하는 사연이었다.

04
Wait and see!

그렇게 스페인 캠프를 무사히 마친 나는 이것이 바로 하나님께서 말씀하신 "Wait and see!"인 줄 알았다. 그러나 그렇지 않았다. 캠프를 다녀온 지 몇 주나 지났을까, 전화 한 통이 걸려왔다. "서울 스프링 페스티벌인데요, 이번 5월에 연주 부탁드려도 될까요? 음악감독이신 강동석 교수님과 4중주 연주도 부탁드려요." 나처럼 부족한 연주자가 내로라하는 뮤지션들과 한 무대에 서게 되다니, 하나님께서 주신 보너스임에 분명했다.

10주년을 맞이한 2009년, 우리는 아무런 노력도 기울이지 않고 수많은 선물 보따리를 가슴에 한 아름 안게 되었다. 하나님은 마치 그동안 10주년을 학수고대했다는 듯이 도미노게임처럼 끝도 없는 선물 보따리를 하나씩 하나씩 풀어 보이셨다.

2009년 초 사랑챔버 10주년을 앞두고 선생님, 어머니들과 함께 머리를 맞대고 상의하여 여러 행사를 기획해 보았다. 온누리비전교회 순회 연주, 그림책 작업, 악보 작업, 홈페이지 작업 그리고 5월에 서빙고 본당에서 열리는 10주년 기념 콘서트를 위해 기도했다. 나는 팀별 특별 집중 연습 스케줄까지 짜서 커뮤니티 사이트에 잔뜩 올려놓았다. 10주년을 맞은 올해만큼은 나의 우선순위는 무조건 사랑챔버라고 큰 마음을 먹고 결심했다.

그리고 설 휴가가 시작됐다. 시댁 식구들과 함께 용평 스키장에서 설 명절을 보내고 있는데, 연세대학교의 교수님 한 분이 내게 전화를 했다.

"제가 스페인 캠프 연주에 가기로 했는데, 갑상선 수술을 받게 되어 못 갈 것 같아요. 손 선생님이 나 대신 가줄 수 있겠어요?"

하지만 난 단박에 '예스' 하지 못했다. 이미 사랑챔버를 우선순위에 두기로 결심한 것이 마음에 걸렸기 때문이다. 게다가 개인 솔로 음반을 위한 녹음 스케줄과도 겹쳤고, 오랫동안 가족과 떨어져 지내야 한다는 사실도 마음에 걸렸다.

급하게 연락 받은 이 캠프에 가서 연주를 잘하면 좋겠지만, 만약 연주를 망치기라도 하면 그것 역시 큰일이었다. 밤새 결정을 못하고 뒤척였다. 그러나 그동안의 경험에서 깨닫게 된 '이것'만은 확실했다. 하나님의 때가 아닐 때는 불안하고 짜증이 나지만, 하나님의 때에는 100퍼센트 평안하다. 스페인까지 열 몇 시간 비행기를 타고 가서 연주하는 일도, 사랑챔버 아이들을 지금보다 더 집중적으로 지도하는 일도 내게는 모두 소중한 일이었다.

시댁은 아직 예수님을 믿지 않기 때문에 명절 때 제사를 드린다. 스키장에 와서도 전 부치고, 나물 무치며 제사 준비를 했다. 주일인데도 예배를 드리지 못해 근처 PC방에 가서 CGN TV로 영어 예배를 드렸다. 얼굴을 처음 보는 젊은 목사님이 설교했다.

"하나님은 당신을 위해 항상 플랜B를 갖고 계십니다. 내가 생각했던 것은 플랜A인데 플랜B가 생깁니다. 그러나 플랜B가 플랜A보다 꼭 못 한 것은 아닙니다."

그 말씀을 들으며 생각했다. 스페인 캠프에 가는 것이 플랜B일까? 사랑챔버 연습과 내 앨범을 녹음하는 것이 플랜A일까? 오래전에 전임교수 공채가 났을 때 자꾸 안 된 것은 플랜A였나? 그럼 사랑챔버에 더 신경 쓰라는 것이 플랜B인 건가?

'하나님 제가 해야 할 일을 알려 주세요!' 하고 용평의 한 PC방에서 마음속으로 기도했다. 그때 하나님은 내게 이런 마음을 주셨다.

"Wait and see what I will do."

하나님의 음성은 분명했다.

하나님께서 나쁜 것을 앞에 두고 기다리고 지켜보라고 하시지 않을 테니 좋은 것을 보여 주시기를 기대했다.

나는 어머니들에게 솔직하게 털어 놓고 상의해 보기로 했다.

"저는 언제나 기도합니다. 사랑챔버 때문에 클래식 음악가로서 선생님들의 개인 경력에 지장이 생기지 않도록 해 달라고요. 저희는 괜찮으니 다녀오세요."

어머니들의 따뜻한 위로에 나도 모르게 눈물이 났다. 집중 연습

시간은 다른 선생님들께 맡기고 어렵게 잡은 녹음 스케줄도 미뤘다. 그러나 내 마음은 평화로웠다.

나는 스페인 캠프에 뒤늦게 합류했기 때문에 단체 일정에는 함께할 수 없었다. 늦게 신청한 학생 한 명과 함께 프랑크푸르트를 경유해 스페인에 갔다. 준비 기간이 너무 짧아서 걱정이었지만 하나님께 기도했다.

"음악인으로서 하나님의 영광을 가리지 않게 연주할 수 있도록 하옵소서. 실수하지 않고, 모든 관계 속에서 예수님의 모습을 풍기게 하옵소서."

나중에 알고 보니 나와 함께 가기로 한 학생은 아주 오래전에 대학원에서 나의 실내악 문헌 수업을 들었던, 피아노를 전공한 영임이었다. 전에 수업할 때는 미처 몰랐지만, 비행기 안에서 함께 얘기를 나누다 보니 선교에 대한 열정이 뜨거웠다.

"저는 초등학교 1학년 때부터 박사 과정을 밟고 있는 지금까지 한 번도 쉬지 않고 공부해 왔어요. 그런데 박사 이후에는 무엇을 해야 할지 모르겠어요."

영임이는 진로를 놓고 고민이 많았다. 대부분의 클래식 뮤지션들이 영임이와 비슷한 고민을 한다는 것을 잘 알기에 마음이 무거웠다.

영임이는 이번 8월 미국 볼티모어에서 'Musicians in Christ'라는 컨퍼런스가 열리는데, 한국인 크리스천 음악인을 대상으로 하는 최초의 컨퍼런스라면서 아직 강사가 섭외되지 않았다고 했다. 나를 은근히 떠보는 눈치였다. 나 역시 크리스천 음악가 중 한 사람으로서 축하할 만한 일이었다. 하지만 바쁜 내 상황을 비쳐 보았을 때, 나와는 상관없는 일로 흘려들었다.

캠프는 너무나 좋았다. 그동안 내 아이들이 너무 어려서 캠프에 참가할 엄두도 못 냈는데, 이렇게 아름다운 곳에서 훌륭한 연주자들과 함께 연주한다는 사실이 너무나 행복했다. 반가운 얼굴도 만났다.

캠프 내내 얼마나 신이 났는지, 하나님의 선물은 달콤했다. 날씨는 또 얼마나 환상적인지, '영원한 봄'이라고 불릴 만큼 아름다운 날씨를 만끽하며 나는 큰 안식을 누렸다. 스케줄은 예상보다 훨씬 빡빡했지만, 그 짙고 푸른 하늘 아래서 하루 종일 음악을 연주하고 악기를 가르치다 보니 천국이 따로 없었다.

그렇게 스페인 캠프를 무사히 마친 나는 이것이 바로 하나님께서 말씀하신 'Wait and see!'인 줄 알았다. 그러나 하나님께서 준비하신 선물은 또 있었다. 캠프를 다녀온 지 몇 주나 지났을까? 전화 한 통이 걸려 왔다.

"서울 스프링 페스티벌인데요. 이번 5월에 연주 부탁드려도 될까요? 음악감독이신 강동석 교수님과 4중주 연주도 부탁드려요."

출연진은 모두 쟁쟁한 연주자들이었다. 나처럼 부족한 연주자가 내로라하는 뮤지션들과 한 무대에 서게 되다니, 하나님께서 주신 보너스임에 분명했다. 솔로 음반 녹음도 채 마무리되지 않았지만 나는 오랜만에 연주에 집중할 수 있었다.

사람이 마음으로 자기의 길을 계획할지라도
그의 걸음을 인도하시는 이는 여호와시니라
_잠언 16:9

05

또 다른 선물들…

며칠 후 주최 측으로부터 또 이메일 한 통을 받았다. 컨퍼런스가 열리는 벧엘교회에서 사랑챔버 11명 단원들의 항공료 비용의 3분의 1을 부담하겠다는 내용이었다. 기도하며 기다리면 이렇게 좋은 것을 주시는구나! 또다시 내 연약한 믿음이 한 뼘 자라난다.

캠프에서

돌아온 지 며칠 안 돼서 크리스천 음악가를 위한 컨퍼런스의 한 책임자로부터 정식 강사로 초청하는 이메일을 받았다. 나는 이 또한 'Wait and see!' 중 하나라는 것을 곧 알아차렸다. 기간은 2009년 8월 13일부터 15일까지. 다른 음악인들도 많은데 왜 하필 나일까, 잠시 고민에 빠졌다. 주최 측은 현장에서 활동하는 모범 모델로서 나를 섭외하고 싶다고 했다.

나는 그동안 유학 생활과 대학 강사 생활을 통해 수많은 클래식 뮤지션들을 만났다. 그들은 젊고 재능이 많았지만, 졸업 이후를 물으면 하나같이 기운이 쏙 빠져 고민이 많다고 했다. 때로는 대학원은 대안이 없을 때 선택하는 코스였고, 기회가 닿아 오케스트라 단원이 되거나 박사학위에 도전한다 해도 음악가로서 자신의 삶을 개척하기란 쉽지 않다. 박사학위 논문을 쓰고 졸업 연주를 했는데도 말이다.

컨퍼런스 주최 측에서 보내온 메일에서 유난히 눈에 들어오는 단어가 있었다.

"음악을 전공하면서 이 학생들이 갈 길을 몰라 얼마나 많이 방황하는지 모릅니다. 우월감, 경쟁심에 찌들어 살기 때문에 그 영혼의 괴로움은 말로 표현할 수 없습니다. 이런 갈등들을 해소하기 위해 강의와 경험을 나누었으면…."

'방황'이라는 단어가 내 가슴을 아프게 했다.

'잠깐, 내가 정말 이 학생들을 위해 가야 하는 건가?'

한편으론 부담스러웠지만, 아직 강사를 섭외하지 못했으면 내가 가겠다고 답장을 보냈다. 다만 8월 13일 첫날 도착하고 컨퍼런스가 끝나자마자 다음날 16일에 돌아온다는 조건으로….

얼마 후 컨퍼런스가 열리는 벧엘교회에서도 내가 강사를 맡기로 했다는 소식을 듣고 추가 연주와 간증을 요청해 왔다. 컨퍼런스가 끝난 토요일 저녁에는 장애인 부서에서 집회를 마련하겠다고도 했다. 주최 측은 나만 초청했지만 나는 왠지 사랑챔버와 함께 가야 할 것 같았다. 만약 이번 기회를 통해 크리스천 음악가들이 자신의 비전을 발견할 수 있다면, 우리 사랑챔버가 소중한 이정표가 되었으면 했다. 사랑챔버는 그들에게 큰 도전이 될 게 분명했다.

갑자기 요리쇼가 생각났다. TV에서 보는 요리는 아무리 군침 돌게 맛있어 보여도 그 시간이 지나면 곧 잊혀지게 마련이다. 직접 냄

새를 맡아 보고 색깔을 음미하며 먹어 봐야 오래도록 기억에 남을 수 있다. 동영상으로 사랑챔버의 모습을 보여줘도 100퍼센트 경험하지 못할 것만 같았다. 따라서 우리 사랑챔버도 동행해야 했다. 그런데 문제는 주최 측에서 사랑챔버를 초청한 것이 아니기 때문에 자비로 갈 수밖에 없다는 것이었다. 나는 하나님의 확실한 사인 없이는 용감하게 결정하지 못하는 까닭에 망설였다.

할 수 없이 어머니들과 상의하기로 했다.

> "그곳에서 한 분이라도 자신의 재능과 삶을 하나님께 드릴 수 있는 분이 나온다면, 또 다른 사랑챔버가 만들어지는 불씨가 심겨진다면 돈으로는 견줄 수 없을 만큼 보람된 일이지요."

오랜 침묵을 깨고 한 어머니가 입을 열었다. 그러자 다른 어머니도 거들었다.

> "그동안 연습 공간을 마련하려고 여기저기서 받은 사례비를 허투루 쓰지 않고 모아 두었잖아요. 어머니들은 자비로 가고, 연주 팀은 옥합을 깨서 갑시다."

다른 어머니들도 찬성해 주었다. 우리가 한마음 한 뜻이라는 것이 얼마나 감사한지 모른다.

그날부터 우리는 비행기 표를 알아보느라 동분서주했다. 한참 성수기인데다 석유 값이 올라서 비행기 값도 무척 비쌌다. 나와 어머니들은 너무 무리하는 게 아닐까 싶어 잠시 마음이 흔들렸다.
그러던 참에 미국에서 컨퍼런스 간사로부터 또 이메일이 왔다. 다음주 한국에 잠깐 들어올 일이 있으니 만나자고 했다.
간사인 윤영 자매와 만난 나는 사랑챔버와 함께 가는 문제를 놓고 기도 중이라고 하면서 항공료가 너무 비싸고, 숙박과 숙식이 해결되지 않아 걱정이라고 털어놓았다.

"숙박이요? 저희 벧엘교회는 잠시 들르시는 선교사님들을 위해 홈스테이 자원봉사자들이 많아요. 게다가 컨퍼런스 기간이라 식사는 식당에서 함께 해결하면 될 거예요. 숙식 걱정은 안 하셔도 돼요. 다 같이 오시면 정말 좋겠네요!"

하나님, 감사합니다! 이제 항공료만 해결하면 됐다. 지난번 누리 사랑부와 함께 괌에 갈 때 도움을 주었던 여행사에 전화해 어떻게 든 싼 표를 알아보려고 총무 어머니가 전화번호를 찾던 중이었다. 문자가 '뽈록' 와서 보니, 바로 그 여행사에서 보낸 여름휴가 광고 문자였다. 장애인 할인은 국제선에는 해당되지 않았으나, 그룹으로 최대한 저렴하게 갈 수 있도록 하나님이 길을 열어 주셨다.

나는 주최 측에 어머니들은 자비로 갈 거라고 알렸다. 며칠 후 주최 측으로부터 또 이메일 한 통을 받았다. 컨퍼런스가 열리는 벧엘 교회에서 사랑챔버 11명 단원들의 항공료 비용의 3분의 1을 부담하겠다는 내용이었다. 할렐루야! 이것은 하나님께서 이 연주회를 미리 계획하셨음을 알리는 메시지였다.

"Wait and see!"

기도하며 기다리면 이렇게 좋은 것을 주시는구나! 또다시 내 연약한 믿음이 한 뼘 자라난다. 우리 아이들이 현을 바로 짚어 멜로디 하나를 익히게 되었을 때 뛸 듯이 기쁜 것처럼, 하나님도 나의 성장을 기뻐해 주시는 것이다.

〈푸름이〉
연제민 그림

06
연극 대본에서
동화책까지

나는 이렇게 기도했다. "하나님, 제게 주신 모든 은사를 주님 기쁘신 뜻대로 사용해 주세요! 찌꺼기 은사까지요." 이제와 생각해보니 하나님은 내게 먼저 기도하게 하셨고, 그 기도를 무섭고도 치밀하게 응답해 주셨다.

또 한 가지 선물이 있었다. 사랑챔버 이야기를 담은 동화책이 나온 것이다.

2008년 사랑챔버 여름 캠프를 앞둔 즈음이었다. 사랑챔버 아이들에게 늘 설교를 해 주던 김요성 목사님한테서 연락이 왔다. 스케줄이 겹쳐서 이번 캠프에는 참석할 수 없다는 내용이었다. 아이들 눈높이에 맞게 말씀의 떡을 먹이는 목사님의 설교를 듣지 못해 아쉬웠지만 어쩔 수 없었다.

그러면 설교 대신 사랑플러스 선생님들과 연극을 하면 어떨까 싶었다. 아이디어를 모은 결과 아이들이 쉽게 이해할 수 있는 내용으로 이야기를 꾸미기로 했다.

나는 하룻밤 만에 대본을 쓰고, 선생님들과 함께 나무 분장과 음향효과까지 연습을 맞춘 뒤 〈100배 맺었습니다〉라는 제목으로 극을 올렸다. 아이들이 정말 좋아했다.

10주년 기념 계획을 세우면서 나는 이 연극을 책으로 엮어 보자고 제안했다.

"지난 캠프 때 했던 연극을 동화책으로 만들면 어떨까요? 아이들 그림도 넣고 연극 때처럼 선생님들이 내레이션도 넣고, 또 배경 음악을 녹음해서 그림 동영상도 만들고요."

처음에는 우리끼리 한 권씩 기념으로 갖자고 시작했던 동화책 프로젝트가 점점 커졌다. 아이들 그림이 너무 예뻐서 그냥 컬러 복사로 만족하기에는 아까웠던 것이다.

이번에도 기도를 '세게' 하고 출판사를 찾았다. 그러나 스토리가 약하다고 보기 좋게 거절당했다. 사랑챔버에 대해 부연 설명을 더 자세하게 했더니 회의해 보고 연락하겠다고 했다. 1차, 2차 회의가 통과될 때마다 우리는 서로 문자를 주고받으며 기도를 부탁했다. 드디어 한번 해보자는 연락이 왔다. 예스!

그림은 혜신이 미술 지도를 하신 이테레사 선생님의 지도 아래 사랑챔버 단원들 가운데 열 명이 각자 한 부분씩 맡아 그렸다. 악기에 집중할 때보다 더 열심히 그림을 그리는데, 음악보다 그림을 더 좋아하는 것 같아 샘이 다 날 정도였다. 그렇게 그림책은 완성되어 가는데 문제는 동영상이었다.

때마침 출판사에서 연락이 와서 뮤지컬 배우 이석준 씨가 내레이션을 해 주기로 했다는 기쁜 소식을 전했다. 배경음악은 방학이라 귀국해 있는 '에드워드 전'에게 부탁했다. 에드워드 전은 드라마 OST를 작곡하기도 했고, 덕영재단 연주회 때마다 함께 출연하면서 사랑챔버 아이들과 친해졌다. 마치 오랫동안 준비한 것처럼 아귀가 착착 맞아떨어지게 일이 진행됐다. 하나님의 방법은 정말 알다가도 모를 일이다. 그렇게 해서 사랑챔버의 첫 동화책 《든든이와 푸름이》가 출간되었다.

지난 몇 년을 돌아보니, 하나님께서는 2007년 3월부터 지금까지 내가 평생 안 해 본 일들을 계속 시키셨다. 오로지 바이올린밖에 할 줄 모르던 내게 하나님은 영산아트홀 연주 때는 사랑플러스 선생님들을 위한 연주곡 편곡을 시키셨고, 소마 트리오 15주년 기념 연주를 위해 〈Soma Op.15〉라는 곡을 작곡하게 하셨다. 2008년 사랑챔버 여름 캠프 때는 연극 대본을, 그리고 그림책과 동영상 작업까지…. 여기에 아이들 초등학교의 어머니연구회 회장을 맡으면서 캄보디아를 위한 자선음악회를 기획해 무대에 올렸고, 솔로 음반을 내면서 회사까지 차리게 되었다. 하나님께서 도대체 나를 어디서 어떻게 쓰시려고 이렇게까지 훈련시키시나 생각하다가 갑자기 2007년에 했던 기도가 생각났다.

2007년 1월, 40일 특별 새벽기도를 인터넷으로 드렸는데, 그때 유난히 은사에 대한 말씀이 많이 선포되어, 나는 이렇게 기도했다.

"하나님, 제게 주신 모든 은사를 주님 기쁘신 뜻대로 사용해 주세요! 찌꺼기 은사까지요."

이제와 생각해 보니 하나님은 내게 먼저 기도하게 하셨고, 그 기도를 무섭고도 치밀하게 응답해 주셨다.

〈코스모스〉
박혜신 그림

07
용납

어머니들은 연주 때 몸짓 찬양을 한다. 어머니들의 몸짓은 그야말로 용납을 경험해 본 사람만이 알 수 있는 삶의 고백이다. 발달이 느리거나 성장을 멈춘 듯한 아이들의 그 세월을 용납하고, 아이들을 차별한 사회도 용납하며, 아이 사랑하기를 멈추고 싶었던 자신의 부끄러운 시간들조차 용납하는 몸짓 찬양이었다. 나 역시 사랑챔버를 이끌면서 내가 아이들을 있는 그대로 받아들이게 된 것처럼. 나 자신에 대해서도 '내 모습 이대로'를 받아들이게 되었다.

내가 원한 게 아니에요

사람들이 하는 말의 의미를 모르는 것은
내가 원한 게 아니에요.
말할 때 입에서 침이 흐르는 것도
내가 원한 게 아니에요.
나의 말소리가 또박또박하지 않아서 알아들을 수 없는 것도
내가 원한 게 아니에요.
내가 좋아하는 표현에 서툴러서 오히려 괴롭히는 것같이
보이는 것도
내가 원한 게 아니에요.
가끔은 주위를 살피지 못해 잘 넘어지는 것도
내가 원한 게 아니에요.
내 손이 섬세하지 않아 가위질을 잘할 수 없는 것도
내가 원한 게 아니에요.
아직 1, 2, 3을 잘 구별할 수 없는 것도
내가 원한 게 아니에요.
나의 눈이 한 곳을 오래 바라볼 수 없는 것도
내가 원한 게 아니에요.

사람들이 나에게 "바보야"라며 놀리고 수근거릴 때
나의 마음은 너무나 슬프답니다.
내가 가진 많은 것들은 내가 원한 게 아니거든요.
하지만, 사람들은 마치 내가 원해서 그렇게 된 것처럼
나를 대하네요.
내가 원하는 건, 나의 겉모습과 행동이
내가 원한 게 아니라는 것을 알아 주는 거예요.
내가 원하는 건, 나의 모습 속에 있는 마음을
보아 주는 거예요.
내가 원하는 건, 내 마음속은 다른 아이들과 똑같다는 것을
알아주는 거예요.
내 마음속은 웃고 울고 상처받고 떠들고 신나고
감동받고 행복한 그런 아이거든요.

한 어머니가 커뮤니티 게시판에 올려 놓은 작가 미상의 〈내가 원한 게 아니에요〉라는 시다.
첫 미국 연주 팸플릿을 보다가 나는 새로운 사실을 알게 되었다. 최근에 또 수정이 되었지만 장애라는 말은 'handicapped'나 'disabled'가 아니라 'differently-abled'로 쓴다는 사실이다. 정말

다시 생각해 보게 하는 표현이다. 우리 챔버 아이들은 핸디캡을 가진 존재이거나 무능력자가 아니라 일반인과 다른 능력을 가지고 있을 뿐이기 때문이다.

1999년부터 사랑챔버를 섬기면서 아이들을 지도하다 한계에 부딪힐 때마다 나는 '왜 이렇게 밖에는 못 가르칠까' 했지 '왜 우리 아이들은 이것밖에 할 줄 모를까'라고 생각해 본 적이 없다. 그리고 이렇게 재주 많은 아이들이 발굴되고 음악을 나눌 수 있어서 너무나 행복했다.

연주회를 위해 대기실에 앉아 있는 아이들을 보면 지난 10년 동안 어떤 변화가 있었는지를 알 수 있다. 아이들은 대기 시간이 길어지면 산만해지고, 안절부절 못하며 마치 무슨 알람 장치가 몸속에 있는 것처럼 자꾸 몇 시에 연주하냐고 물었었다. 그래서 행사에서 연주할 차례가 늦어지면 아이들이 산만해서 집중하지 못할까 봐 모두 걱정이었는데 이제는 리허설을 위해 일찍 와서 정식 연주가 있기까지 지루한 시간이 계속되는데도 점점 훈련된 모습을 보이는 것이다. 졸리면 자고 깡충깡충 뛰며 놀다가도 무대에 오르면 언제 그랬냐는 듯 아이들은 금세 차분해져 연주에 집중한다. 무대에 올라서도 우왕좌왕하지 않고 자기 자리를 잘 찾아가는 등 제법 연주자답다.

대기실에서 기다리면서

여전히 에티켓은 잘 모르지만 나는 이제 그 모습까지도 사랑스럽다.

어머니들도 처음과 많이 달라졌다. 초창기에는 처음 온 어머니들을 나 혼자 상담하다 보니 당황스런 일이 많았다.

"우리 아이 선생님은요?"

자원봉사 선생님들이 모자라 개인 레슨 배정이 늦어지면 따지듯이 항의하는 어머니들이 가끔 있었다.

"모집 공고를 냈는데, 아직 신청을 받지 못했어요. 조금만 더 기다려 주세요."

그러면 어머니의 표정은 이내 굳어졌다.

"그럼 우리 아이는 어떻게 해요?"

나는 어머니들의 얼굴을 보면서 어쩌면 아이들이 악기를 배우는 일보다 더 기적 같은 일은 저 어머니들의 얼굴이 다시 부드러워지는 일일 것 같다고 혼자 생각했다.

아이들이 처음엔 긴장해서 삑삑거리기만 했지만 훈련을 통해 부드럽고 아름다운 음을 내는 연주자로 자랐듯이, 어머니들도 그랬다. 연습 때마다 빠짐없이 나와서 의자를 놓고 치우는 걸 말없이 도와주고 따로 모여 기도로 응원해 주면서 어머니들의 얼굴도 변화되기 시작했다. 그렇게 우리는 10년 동안 하나님의 섬세한 만져 주심을 통해 인격적으로 성장해 갔다.

어머니들은 연주 때 몸짓 찬양을 한다. 〈주 나의 왕〉의 가사에 맞

춤 동작 하나하나를 기도하는 마음으로 따라한다. 어머니들의 몸짓은 그야말로 용납을 경험해 본 사람만이 알 수 있는 삶의 고백이다. 발달이 느리거나 성장을 멈춘 듯한 아이들의 그 세월을 용납하고, 아이들을 차별한 사회도 용납하며, 아이 사랑하기를 멈추고 싶었던 자신의 부끄러운 시간들조차 용납하는 몸짓 찬양이다. 아이들이 연주를 통해 하나님의 놀라우신 섭리를 간증한다면 어머니들은 몸짓 찬양을 통해 간증을 하는 것이다.

요즘 어머니들은 이런 고백을 한다.

"언제부턴가 아이들을 보면 하나님의 눈이 되어 보게 돼요. 나를 괴롭게 하려고, 벌하려고 이 아이를 내게 보내 주신 것이 아니라, 내게 하나님이 기뻐하시는 마음의 열매를 맺게 하려고 이 아이들을 보내 주셨다는 생각이 들어요. 그것은 시간이 지날수록 더 분명해져요."

이 아이들이 장애를 가지고 태어난 것은 분명 사고나 실수가 아니다. 하나님의 계획하심 없이 어떻게 이 아이들이 세상에 태어날 수 있었을까.

나 역시 사랑챔버를 이끌면서 내가 아이들을 있는 그대로 받아들이게 된 것처럼, 나 자신에 대해서도 '내 모습 이대로' 받아들이게 되었다. 그동안 두 군데의 명문대학에서 음악 지도를 한 것만으로도 감사할 일이다. 하나님이 나를 사용하기 위해 교수라는 위치와 영향력이 필요하다고 생각하면 주실 것이다. 교수가 되지 않아도 하나님이 충분히 사용하실 수 있다면 주시지 않을 것이다. 어떤 경우든 그분의 뜻을 따르는 것이 결국 나를 위한 최고의 계획이고 기대라는 것을 나는 사랑챔버와 함께한 10년의 시간을 통해 배웠다.

사랑챔버의 사랑은 우리 딸과 아들에게도 이어졌다. 이 한국 땅에서 내가 전형적인 극성 엄마가 되지 않고 아이들에게 자유함을 주는 엄마가 된 것은 순전히 사랑챔버 덕분이다.

요즘 사랑챔버가 언론에 보도되기도 하고 해외 연주 기회가 늘어나면서 많은 분들이 사랑챔버의 문을 두드린다. 이럴 때일수록 초심을 잃지 않기 위해 어머니들은 새로운 회원의 어머니들과 따로 기도 모임을 갖고 자신들이 경험한 하나님을 알리고 있다.

08

Since 1999
10년간의 기적

하나님께서는 사랑챔버를 통해 '장애인도 가르치면 할 수 있네'라는 것만 보여 주시는 게 아니라 그들의 부모님까지 부르고 계셨다. 그 가정을 세우고, 사회를 세우기 원하셨던 것이다. 사랑챔버 10주년 기념 순회 연주를 하면서 우리는 가는 곳마다 회복이 일어나고, 막힌 담이 무너지는 것을 보았다. 또 어디서든 우리는 축복을 받았다.

2009년 5월 전후로 사랑챔버는 온누리교회 비전교회와 청년 예배 등 아홉 곳을 순회 연주하고 드디어 10주년 기념 연주회를 서빙고 본당에서 가졌다.

무대 연습 때 마지막 점검을 하는데, 클라리넷을 부는 '우리'라는 학생이 걱정이었다. '우리'는 이제 막 악기에 입문한 초보반인 '꿈ing팀' 친구다. 꿈ing팀은 이날 콘서트에서 〈You Raise Me Up〉을 연주하기로 했다. '우리'는 아직 악기를 잘 다루지 못하지만, 인천에서부터 서울 온누리교회까지 와서 연습에 참여했다. 꿈ing팀은 아직 연주할 만큼 실력이 못 되지만 선생님들이 옆에서 도와 가며 이날 데뷔 무대를 갖기로 했다.

그런데 '우리'가 평소에는 악기에 별로 관심도 보이지 않고 시큰둥하더니 막상 최종 연습 때 무대에 올라가 보더니 신이 났는지 너무 열심히 클라리넷을 불어서 오히려 삑삑 불협화음을 냈다. 이대로 무대에 섰다가는 연주를 망칠 게 뻔했다.

그때 갑자기 어느 목사님의 말씀이 생각났다. 찬양단을 뽑기 위해 오디션을 보는데, 한 자매가 음색은 참 별로인데 찬양하는 모습이 너무 은혜로워서 통과시켰다는 것이다. 그러나 무대에서는 그 자매의 마이크는 꺼 두었단다. 목사님의 말씀을 들으며 한편으로는 너무 가혹하다 싶었지만 지혜로운 처사라고 생각했다.

나는 클라리넷을 지도하는 하웅주 선생님께 물었다.

"선생님, 저 리드 그냥 빼 버릴까요?"

관악기는 리드를 빼면 바람소리만 날 뿐 음이 나지 않는다. '우리'는 아직 클라리넷을 잘 불지는 못해도 〈내 하나님은〉 할 때 발을 열심히 굴러서 그 모습이 너무 기특하고 예쁘다.

"그럽시다!"

하웅주 선생님도 흔쾌히 허락했다. 그러나 딸이 소리 나지 않는 악기를 분다고 하면 '우리' 아버지가 서운해 하실까 봐 미리 양해를 구했다. 다행히 '우리' 아버지는 무대에 서는 것만도 영광이라며 괜찮다고 했다.

바이올린을 켜는 동호도 걱정이었다. 어머니가 허리 디스크를 앓는 바람에 동호를 신멜로디팀 연습 때 데려오지 못해서 함께 연주하기가 곤란했다. 훈련을 받지 못했으니 준비가 안 된 것은 당연했다. 동호를 꿈ing팀과 함께 끝 순서에만 참여시킬까 하다가 바이올린 활에 송진을 칠하지 않은 채 무대에 세우기로 했다. 바이올린 활에 송진을 칠하지 않으면 마찰이 생기지 않아 소리가 나오지 않기 때문이다. 동호가 소리가 잘 나지 않아도 잘 해 주어야 할 텐데….

손 모양을 보면서 연주하는 화음팀을 비롯해 신멜로디팀, 멜로디팀, 연주팀의 연주가 무사히 끝났다. 어령이의 첼로 협주곡, 민수의 피아노와 독창, 선생님들의 연주, 어머니들의 몸짓으로 올린 〈주 나의 왕〉 찬양도 무리 없이 잘 진행되었다.

드디어 마지막 순서. 전 출연진과 왕초보 꿈ing팀이 올라갔다. 그런데 연주가 시작되기 바로 직전, 첼로 파트에서 문제가 생겼다. 새로 온 지원이가 갑자기 소리를 지르기 시작한 것이다. 한 선생님이 얼른 다가가 지원이를 껴안다시피 해서 활을 잡아 주었다. 마침내 지원이가 안정을 찾아 차분해져서 내가 바이올린 연주를 시작했다. 멀리서 보니까 지원이가 영상 화면에 푹 빠져 있었다. 휴, 한시름 놓았다. 그런데 갑자기 최근에 내가 개인 레슨을 시작한 홍승이가 다가와 내 팔을 붙잡았다.

"메기매운탕? 메기매운탕?"

고개를 갸웃거리며 계속 같은 말을 되풀이했다. 아이들의 돌발 행동은 언제나 당혹스럽지만, 나의 반응은 쿨해졌다. 나중에 홍승이 어머니를 통해 알게 된 사실인데, 홍승이는 지원이의 갑작스러운 행동과 소리 때문에 마음이 불안해진 것이었다. 나는 계속 연주하면서 그 짧은 순간에 예수님을 찾았다. 다행히 피아노 간주를 이용해 다독여 주자 홍승이는 얌전히 자기 자리로 돌아갔다.

〈You Raise Me Up〉 연주가 본당을 채웠다. 하지만 어떻게 서다 보니 하필이면 동호 바이올린 앞에 마이크가 설치되어 있었다. 나는 속으로 뜨끔 했지만 소리가 잘 나지 않으니 큰 문제는 없을 것 같았다. 그 사이 동호는 스크린에 비친 자기 얼굴을 신기해서 쳐다보다가 그만 연주 흐름을 놓쳤다.

그 옆에 '우리'를 보면서 웃음이 나와 참느라 힘들었다. 연습할 때는 그래도 삑삑 소리라도 났는데, 아무리 불어도 바람 빠지는 소리밖에 나지 않으니까 볼을 잔뜩 부풀려서는 불고 또 불었다. 저토록 소리를 내고 싶어 하는 열심과 열정은 무대에 서 본 덕분에 발견할 수 있었다.

연주회가 끝나자 많은 분들이 이렇게 말했다.

"연주 도중에 소리 지르던 아이 때문에 더 큰 감동을 받았어요. 사랑챔버 아이들이 그런 줄 몰랐거든요."

"아이를 퇴장시키지 않고 끝까지 함께 연주해 내시는 모습이 너무 아름다웠어요."

지난 10년간 훈련받은 사랑챔버 아이들이 이렇게 가끔씩 본색을 드러내지 않으면 아무도 우리 아이들의 정체를 알지 못한다. 이렇게 성장해 준 아이들에게 감사할 따름이다.

10주년 기념 콘서트를 마친 다음 연습 시간에 우리는 조촐한 감사 파티를 가졌다. 일단 연주했던 곡목들을 순서대로 한번 연주해 보고 아이들이 좋아하는 케이크도 먹고 서로 축하도 나누고 감사 기도도 드렸다. 그런데 첼로를 하는 지원이 어머니가 어깨를 들썩이며 우셨다. 아마 연주회 때 지원이가 무대 위에서 소리 지르던 일 때문인 것 같았다.

"어머님, 왜 우세요. 괜찮은데 왜 우세요?"

지원이 어머니의 등을 토닥이며 위로하자 어머니가 눈물을 흘리며 말했다.

"다들 괜찮다고 해서요. 그래서 울어요."

지원이 때문에 연주를 망친 것 같아서 너무 미안했는데, 어머니들이 하나같이 끌어안으며 위로해 주었다는 것이다.

"우리 아이들이 다 그렇잖아요. 괜찮아요."
"우리 애도 그랬어요. 지난번에…."

지원이 어머니는 그 용납 때문에 울고 있었다. 사랑챔버는 바로 그런 곳이다!
10주년의 기적은 그뿐이 아니었다. 그 다음 모임에서 우리는 또 다른 기적을 맛보았다.

"혜신이 아버님이 지난 주일날 처음으로 교회에 나오셨대요."

그야말로 10년 만에 이루어진 일이다. 10주년 콘서트 때 저 멀리 서 있는 혜신이 아버지를 보았다. 초창기 멤버 가족 중 아직도 주님을 영접하지 않은 유일한 분이었다. 나는 그날 혜신이의 손을 잡고 악수하면서 아버지께 말했다.

"혜신이, 오늘 너무 잘했어요. 근데 아버님, 이제 아버님만 교회 안 나오시는 것 아세요? 저랑 약속해요. 다음주에 교회 꼭 나오세요~!"

혜신이 아버지는 뒷머리만 긁적였다. 그동안 모범을 보이지 못하는 크리스천들을 비판하며 회심하기를 거부했지만, 혜신이가 사랑챔버를 다니면서 연주회도 즐기고 행복해하자 아버지도 차츰 마음 문을 여는 듯했다. 아버지는 가끔 연주회 때 다른 아이들을 위해 차를 태워 주는 수고를 기쁜 마음으로 해 주기도 했다. 나중에 혜신이 어머니를 통해 들은 말인데, 아버지는 맘플러스 어머니들의 율동을 보면서 그냥 동작을 맞추는 것이 아닌 주님을 향한 고백처럼 느꼈다고 했단다. 맘플러스의 회장으로서 언제나 수고가 많은 혜신이 어머니의 오랜 숙원이 성취된 것이었다.

나는 그 고백을 들으며 한 가지를 더 깨달았다. 하나님께서는 사랑챔버를 통해 '장애인도 가르치면 할 수 있네'라는 것만 보여 주시는 게 아니라 그들의 부모님까지 부르고 계셨다. 그 가정을 세우고, 사회를 세우기 원하셨던 것이다. 능력이 우상이 된 사회에서 능력자와 무능력자 사이를 가로막고 있는 무자비한 마음의 벽을 하나님은 우리 사랑챔버를 통해 허물기 원하셨던 것이다.

사랑챔버 10주년 기념 순회 연주를 하면서 우리는 가는 곳마다 회복이 일어나고, 막힌 담이 무너지는 것을 보았다. 또 어디서든 우리는 축복을 받았다. 축복송을 불러 주고 꽃을 주며 피자 파티까지 열어 주었다.

어머니들과 나는 누가 먼저랄 것도 없이 이렇게 고백했다.

"요즘보다 더 행복한 때가 없었던 것 같아요."

09

두 번째
미국 연주

요즘 흉흉하게 들려오는 자살 소식을 들을 때마다 나는 그들이 '사랑챔버의 공연을 한 번이라도 본다면 다시 한 번 삶의 용기를 갖게 될 텐데, 하고 안타까워한다. 하나님께서는 사랑챔버를 치유의 도구로 사용하시기 때문이다.

미국 연주

한 달 전, 이번에는 처음으로 사랑챔버 티셔츠를 맞추기로 했다. 자칫 공항에서 아이들을 잃어버릴까 봐 회장 어머니가 고안해 낸 아이디어였다. 우리는 이 색깔 저 색깔 고르고, 셔츠에 어떤 글귀를 넣을까 한참을 고민했다. 첼로를 하는 장윤정 선생님의 남편 되는 분이 너무 예쁜 로고를 무료로 만들어 주었다.

글씨를 어떻게 넣을까 고민하는데 한 어머니가 "내 심정 같아서는 전화번호를 인쇄하고 싶네요" 해서 모두가 박장대소 했다. 여기 모인 어머니들은 누구나 한 번쯤은 아이를 찾아 온 거리를 헤매고 다닌 경험이 있다. 자폐증을 가진 아이들은 부모님이 한순간이라도 눈을 떼면 금세 사라져 버리기도 한다. 특히 이번에는 해외여행을 처음 떠나는 아이도 있기 때문에 조심해야 했다.

우리는 숙소에서 다 같이 묵지 않고 가족 단위로 벧엘교회 성도님들의 집에서 홈스테이를 하기로 했다. 다른 해외 연주 때처럼 아침마다 모여 큐티를 나눌 수도 없고, 뜨겁게 기도도 할 수 없을 것 같아 내심 걱정이 되었다. 우리는 아이들과 호흡이 잘 맞는 가정을 만나게 해달라고 기도했다.

미국으로 떠나기 전, 전체 연습을 끝내고 나가는데 엘리베이터 안에서 예수사랑부 전도사님을 만났다.

"미국 가신다면서요? 며칠 동안이에요?"
"4박 5일이요."
"연주는 몇 번 하시고요?"
"네 번이요."
"그럼, 아이들이 너무 피곤해하지 않을까요?"

그 말을 듣는데, 내가 계모가 된 듯했다.

"그러잖아도 너무 피곤해하면 봐서 도착한 다음날은 연주를 안 하려고요."

하지만 걱정과 달리 미국에 도착해 보니 시차를 걱정해서 수면제를 챙겨먹은 '약간 부은 조인성 모자'를 제외하고는 모두가 한국에 있을 때보다 더 쌩쌩했다. 그래서 첫 연주도 잘할 수 있었다. 그날 연주는 컨퍼런스 둘째 날 저녁 예배 때 뮤지션들 앞에 서는 무대였다. 그런 무대에서 기립 박수까지 받아서 모두 감격했다.

그날 스케줄은 빡빡했다. 원래 내 강의는 컨퍼런스 둘째 날 한 번

뿐이었는데, 참가자가 많아서 20명씩 두 번에 나눠서 해달라고 했다. 그렇다 보니 오전에 '음악하는 크리스천 vs 예배하는 음악인'이라는 주제로 강의를 두 번 하고, 점심 후에는 두 번에 걸쳐 학생들의 질문을 받는 시간을 가졌다. 곧바로 저녁에는 나의 솔로 연주와 사랑챔버 연주가 있었으니 하루 종일 쉴 틈 없이 움직여야 했던 것이다. 그나마 다행인 것은 몇 년 전 서울에서 음대생을 대상으로 한 사역과 찬양에 대한 IVF 선교 단체의 짧은 간증과 건국대 사범대학의 교수법 강의, 수영로교회의 간증이 있어서 틈나는 대로 강의를 정돈하고 준비할 수 있었다는 것이다.

다음날 토요일 저녁에는 '손인경 교수님 간증 및 사랑챔버 연주회'라는 제목의 집회가 있었다. 교수도 아닌데 왜 자꾸 교수님이라고 하시나? 아무튼 기분은 나쁘지 않았다. 장애인 부서에서 부제로 '사랑과 희망의 바이러스'라는 제목을 달아 주었다.

그날이 8월 15일이었는데, 제민이가 뒷자리에서 자꾸 말했다.

"태.극.기~~."

미국에 와서도 오늘이 8월 15일 광복절이니 태극기를 달아야 한다는 말이었다.

맘플러스 어머니들이 워십을 하고 나면 곧바로 사랑챔버가 연주를 해야 하는데, 제민이가 보이지 않았다. 민수 아버지와 석휘 아버지가 제민이를 찾아 나섰지만 헛일이었다. 할 수 없이 제민이를 제외하고 무대에 오르자 그제야 옆문을 열고 제민이가 나타났다. 사랑챔버 아이들이 무대에 오르는 것을 보고는 '어, 벌써 올라가네. 순서를 놓치면 안 돼' 하는 표정으로 비올라를 집어 들고 무대로 달려왔을 때의 그 모습이 눈에 선하다.

하나님은 우리의 기도대로 각자 형편에 맞는 가정들에 배치해 주셔서 3박 4일 동안 풍성한 섬김을 받았다. 주일 아침 예배는 벧엘교회에서 특순을 하고 오후에는 워싱턴중앙교회에서 간증과 연주를 했다. 그리고 그날 밤 우리는 한 자리에 모여 그동안 받았던 은혜를 나누는 시간을 가졌다. 이번 미국 연주가 해외 연주로선 처음인 길원이 어머니가 말하다가 끝내 울음을 터뜨리고 말았다.

"길원이는 이번에 여권도 처음 만들었어요. 저는 길원이가 바이올린에 재능이 있다는 것을 발견했을 때부터 다른 사람들한테 계모라는 소리를 들어 가면서 길원이를 연습시켰어요. 그런데 아무도 우리를 받아 주지 않았어요. 가는 데마다 거절당했어요. 그런데 미국까지 와서 홈스테이를 하고 저희를 있는 그대로 받아 주고 섬기시는 모습을 보고 하나님께 얼마나 감사했는지 몰라요…."

나는 못 보았지만, 길원이 어머니는 〈주 나의 왕〉 워십 찬양을 할 때도 '몸이 흐느적거릴 정도로' 성령님께 이끌려 있었다고 했다. 어머니는 고백했다.

"여러 번 했던 워십인데도, 그날 처음으로 '주 날 위해 버림 받으심으로… 나 용서 받고 용납됐네…'라는 가사가 너무나 은혜로웠어요."

어머니들이 이구동성으로 길원이 어머니의 훌쩍거리는 울음소리를 들었다고 했다.

요즘 흉흉하게 들려오는 자살 소식을 들을 때마다 나는 그들이 '사랑챔버'의 공연을 한 번이라도 본다면 다시 한 번 삶의 용기를 갖게 될 텐데, 하며 안타까워한다. 하나님께서는 사랑챔버를 치유의 도구로 사용하시기 때문이다.

Part IV
예배자

하나님이 우리를 단순한 연주단체이기보다 선교사로 구별하고 싶어 하신다는 걸 안다. 사도행전 1장 8절에 기록한 주님의 마지막 계명인 지상명령(Great Commission)은 장애와 상관없이 우리 사랑챔버에게도 해당되는 것이 분명하다. 사랑챔버 아이들과 어머니, 선생님 모두가 앞으로도 훈련을 받으면서 복음 전하는 일, 영혼 구하는 일, 치유와 회복과 생명 전하는 일을 감당하는 사랑 공동체로 영원히 함께하길 바란다.

01 하나님과의 은밀한 협상
02 아이들에게 배운 것
03 내가 받은 더 값진 레슨비
04 다윗의 찬양이 내게도⋯
05 우리도 그들처럼
06 기대

01
하나님과의
은밀한 협상

"날마다 독주회를 앞둔 것처럼 하나님 앞에 철저히 영적으로 훈련하고 음악으로 훈련해 볼게요. 할머니가 될 때까지 해 볼게요." 하나님과의 은밀한 협상은 그렇게 진행되었다. 다른 사람들에게 보여 주기 위해서가 아니라 나 자신에게 도전하고 하나님의 도우심을 구하며 한 걸음 한 걸음 나아가야 할 것이다.

사랑챔버

홍콩 연주와 나의 독주회가 끝났을 때의 일이다.

독주회 준비 때문에 거의 두 달 동안 가족을 제대로 챙겨 주지 못해 남편과 아이들에게 미안했지만 졸업 연주 심사 때문에 어쩔 수 없이 학교로 갔다. 지난 독주회 날짜와 너무 가까워서 많이 돌봐 주지 못해 미안했던 제자 두 명을 마지막까지 레슨해 주고 무대에 올려 보내야 했기 때문이다.

이날은 학생 다섯 명이 졸업 연주를 했다. 모두 다섯 시간이 걸렸지만, 번번이 실수하는 학생, 소리를 시원하게 내는 학생, 손가락이 무지 잘 돌아가는 학생, 드레스를 '모시고' 나오는 학생 등 각각 다른 개성을 보여서 심사가 지루하지는 않았다. 다행히 내 제자들은 큰 사고 없이 무사히 끝났다.

집에 오니 밤 9시였다. 그래도 마음을 다잡고 나의 독주회 DVD를 틀었다. 모니터링을 하는 시간이다.

"아, 힘이 덜 빠졌어… 비브라토 너무 좁고 빨랐네!"
"아, 음정 너무 낮아!"
"왜 이렇게 빨라지는 거야!"

화면 속의 나를 보면서 아쉬운 점만 계속 눈에 들어와 스스로를 혼내고 지적하고 막 흥분했다. 하지만 이내 지금까지 볼 수 없었던 내 모습을 발견했다.

"우와, 저 여유 좀 봐."
"호오~ 저렇게 부분적으로라도 자유롭게 곡을 표현하다니…."

그러다가 문득 깨달았다. 내가 이만큼이나마 연주자로 성숙할 수 있었던 것은 결혼하고 아이 둘 낳은 아줌마로서 배짱이 생긴 덕분이기도 하겠지만, 그동안 사랑챔버와 함께 호흡하면서 마음과 시야가 넓어졌기 때문이었다. 그리고 어머니들의 중보기도 덕분이었다.
숨 가쁘다, 숨 가쁘다 하면서도 쉬지 못하고 앞만 보고 달린 나를 멈추게 해 준 고마운 사람들. 내가 현악기를 사랑해서 하나님이 나를 위해 현악기를 만드신 건 아닐까 생각하듯이, 사랑챔버와 함께하는 시간이 너무 행복해서 하나님이 나를 위해 이 사람들을 보내 주신 건 아닐까 생각하게 만드는 사람들.
그날 밤 오랜만에 사랑챔버와 함께한 옛 사진들을 들춰 보았다. 10년이라는 세월을 함께 걸어 온 초등학생, 중학생이던 아이들이 이제 20대 청년이 되었다. 그 중에는 감사하게도 음악 전공으로 대학에 들어간 아이도 여러 명 있다. 사실 이제는 민수씨, 신애씨라고 불러야 할 정도로 자랐다.

날마다 볼 때는 몰랐는데, 옛날 사진을 보니 정말 많이 컸다. 마치 내 자식이라도 되는 듯 엄마처럼 마음이 뿌듯했다.

한번은 어떤 어머니가 무척 미안해하며 이렇게 말한 적이 있다.

"왜 하나님께서 선생님 아이들도 다 크고, 은퇴도 하고 나서 시간이 좀 더 많을 때 이 일을 시키지 않고, 애들도 어리고 한창 꿈도 많을 이때에 이 일을 시키셨는지 모르겠어요."

사랑챔버를 시작하고 나서 얼마 안 돼 둘째를 출산했으니, 왜 하필 하나님께서 한참 야망을 품고 달릴 그 나이에 이 일을 시키셨는지 나도 종종 궁금해지곤 했다. 하지만 그날 밤 사진을 보면서 알았다.

'정말 10년씩 투자하면서 배운 게 많다. 그 과정을 통해 보여 주실 것이, 가르쳐 주실 것이 너무나 많아서, 진짜 할머니 됐을 때는 더 많은 것을 느끼고 감사하라고 일찍 시키신 거구나!'

기도하는 소녀
강소현 / 바이올린

사실 한때 사랑챔버든 뭐든 다 내려놓고 싶은 순간이 있었다. 한창 사랑챔버가 연주를 다니던 2002년 즈음에 둘째 아이가 아토피가 너무 심해 밤마다 다리를 긁어대서 붕대로 감고 자야 할 정도였다. 너무 속상해서 다 그만두고 한 아이의 엄마로서 곁을 지켜 주고 싶었다. 그 무렵 수요여성예배에서 목사님이 안수하며 기도해 주었는데, 목사님은 나를 위해 기도하면서 이렇게 말했다.

"현장에 더 나가서 연주하지 그러세요. 해외로 더 많이 연주를 다니세요."

사실 기도 받기 전에 나는 '목사님이 아이를 위해 쉬라고 하겠지…' 하고 은근히 기대했는데, 오히려 정반대의 말씀을 해 준 것이다. 그 말씀이 딴 곳에 가 있던 내 맘을 잡아 주었다. 그리고 둘째의 아토피는 서서히 가라앉았다.

20년 뒤 우리는 어떤 모습일까? 사랑챔버 아이들은 몸도 마음도 음악가로서도 계속 자라날 것이다. 10년도 이렇게 다른데 20년 뒤 우리는 어떤 모습일까? 20년 뒤에 우리는 어떤 곡을 연주하게 될까? 이제 막 사랑챔버 가족이 된 어린 학생들이 새롭게 자라나는 모습을 지켜본다면, 그 보람은 또 어떤 맛일까? 아무리 생각해도 기대되고 기대되는 일이다.

나도 마찬가지로 10년 뒤, 20년 뒤에 어떤 모습일까? 스탠포드 대학에서 나를 가르친 할아버지 교수님처럼 나 또한 할머니가 될 때까지 연주를 해야 할 텐데… 나는 하나님께 솔직하게 여쭤 봤다.

"하나님! 더 편한 비브라토는 언제쯤 갖게 될까요? 정확한 음정을 짚을 수 있게 해 주세요."

그러고 나니 운동선수들이 날마다 철저하게 훈련하듯이, 나는 그렇게 날마다 기술적으로 훈련하지 못하고 큰 연주가 있을 때만 하나님을 찾고 그때만 더 의지했다는 때 아닌 반성을 하게 됐다.

"날마다 독주회를 앞둔 것처럼, 연습 전에 무릎 꿇고 기도하며 하나님 앞에 철저히 영적으로 훈련하고 음악으로 훈련해 볼게요. 할머니가 될 때까지 해 볼게요."

사랑챔버 아이들이 성장하듯이 나도 할머니가 될 때까지 함께 성장하기를 바라시는 하나님의 마음이 느껴졌다.

하나님과의 은밀한 협상은 그렇게 진행되었다. 할머니가 될 때까지 연주할 수 있으려면, 다른 사람들에게 보여 주기 위해서가 아니라 나 자신에게 도전하고 하나님의 도우심을 구하며 한 걸음 한 걸음 나아가야 할 것이다.

02 아이들에게 배운 것

나는 사랑챔버 아이들 때문에 찬양의 능력을 믿는 연주자로 거듭나고 있는 중이다. 연습하기 전에 무릎 꿇고 기도부터 하고, 찬양 연주가 있을 때는 반드시 가사 묵상을 한다. 무대에 올라가서는 내가 조금이라도 드러날까 봐, 나 자신과 싸운다. 그리고 예전처럼 엄숙한 척 하지도 않는다. 마음껏 표현하며 자유함을 누린다.

〈바이올린이 좋아요〉 이지영 그림

왜 이 아이들은
세상의 빛인가?
– 에드너 맥시밀러

하늘에 계신 하나님께 천사들이 말했습니다.

"다음 아기가 태어날 시간이에요."

회의가 시작되었습니다. 지구에서 멀리 떨어진 곳에서.

이 아이는 특별한 아이로 많은 애정이 필요할 것입니다.
이 아이는 아주 천천히 성장해 갈지도 모릅니다.
어쩌면 제 구실을 하기 힘들지도 모릅니다.

그렇기 때문에 인간 세상에서 만나게 될 사람들은
이 아이에게 특히 주의를 기울여야 할 것입니다.

어쩌면 이 아이가 생각하는 것을
좀처럼 이해하기 힘들지도 모릅니다.

무엇을 하든 잘 되지 않을지도 모릅니다.

그렇기 때문에 우리는 이 아이가 어디서 태어날지
주의 깊게 선택하지 않으면 안 됩니다.
이 아이의 인생이 행복해질 수 있도록.

하나님, 제발!
이 아이를 위해서 훌륭한 부모님을 찾아 주십시오.
하나님을 위해 특별한 임무를 떠맡아 줄 그런 부모님을….

그 두 사람은 당장은 깨닫지 못할지도 모릅니다,
그 두 사람에게 부여된 특별한 임무를….

하지만 하늘이 내려 주신 이 아이로 인해
더욱더 강한 신앙심과 관대한 사랑을 품게 될 것입니다.

머지않아 두 사람은 자신들에게 부여된
특별한 신의 사명을 깨닫게 될 것입니다.
신께서 내려 주신 이 아이를 키움으로써….

온화하고 천진스러운 이 고귀한 선물이야말로
하늘에서 내려 주신 특별한 아이인 것입니다.

사람들이 사랑챔버의 연주를 듣고 감동 받을 때마다 나는 속으로 감탄한다.

'아, 저 아이들이야말로 정말 예배자구나! 찬양 사역자구나!'

사울의 악신을 떠나 보냈던 다윗의 연주와 같은 능력이 사랑챔버가 가는 곳마다 일어나고 있기 때문이다.
어머니들은 고백한다.

"하나님이 왜 우리 아이를 주셨는지 이제는 알겠어요. 사랑챔버를 보니까요. 하나님은 남들이 다 쓸모없다고 말하는 우리 아이를 주목하게 하셔서 찬양의 기쁨을 알게 하셨어요. 감사의 기쁨을 알게 하셨어요."

이것이 악신이 떠나가는 역사가 아니면 무엇이란 말인가. 만약 사랑챔버를 몰랐다면 나는 '찬양'의 깊이를 몰랐을 것이다.

소마 트리오 음반과 활동 때문에 나를 클래식 연주자라기보다는 CCM 연주자로 기억하는 사람이 더 많다. 그런데도 내가 다윗과 같은 찬양의 능력을 사모하게 된 지는 얼마 되지 않는다. 생각해 보면 나는 겉만 그럴듯한 연주자였던 것이다.

어려서부터 바이올린을 했기 때문에 교회 예배를 위해 여러 차례 봉사를 했다. 하지만 그 중심은 사실 하나님과는 거리가 멀었다. 어려서 다닌 홍콩한인교회에서 나는 "어느 집사님 딸내미가 신문에 크게 나왔더라", "바이올린 대회에서 상 탔다더라", "착하다더라" 같은 평판을 받기 위해 예배 때 봉사를 했다. 그저 나를 뽐내지 않고 착하고 거룩한 척하면서 연주하면 된다고 생각했다. 찬양곡을 연주하면서 하나님의 은혜로 감동된 적도 없었고, 가사를 묵상하며 깊이 느끼려고도 하지 않았다.

예일 대학원 시절 미국 교회를 빌려서 오후에 한인예배를 드리는 곳에 다녔는데 늦잠을 자고는 예배 시간에 늦게 도착할 때가 많았다. 바이블스터디를 하면서 가까워진 지금의 소마 트리오 멤버들과 한인교회를 섬길 때도 미리 기도하며 준비해 본 적이 없다. 음악 봉사를 그저 연주하며 음악 순서만 채우면 되는 것쯤으로 생각했던 것이다. 헌금송을 미리 정하지 못해서 기도 시간에 손 사인으로 곡을 정하기도 했다.

"헌금송! 뭐 하지?"

손가락으로, 과장된 입 모양으로 서로 신호를 보냈다.

"337장?"
끄덕끄덕! 휴~

이런 식이었다. 물론 그토록 엉터리였어도 하나님은 우리를 귀엽게 봐 주셨겠지만(?) 다른 사람에게 은혜를 끼치지는 못했을 것이다. 예배 전에 기도와 말씀으로 준비해야 한다는 것도 온누리교회에 와서 훈련받은 것이다.

외국의 유명한 목사님이 교회에 초청돼 오면 항상 3부 챔버 가까이에 앉았다. 그러면 나는 다가가 영어로 말을 걸어 보고 싶고, 내 학벌을 드러내 보이고도 싶었다.

성령 체험을 한 후에도 막연히 '음악을 통해 사역하고 싶다'고 생각만 했지, 하나님께 진정한 예배자로서 찬양을 드려야 한다고는 생각하지 못했다.

지금 생각해도 얼굴이 화끈해지는 일이 있었다. 귀국하자마자 어느 선교회 영성 프로그램에 봉사를 간 적이 있는데, 팀장이 내게 강의실 마이크를 테스트해 보라고 했다. 나는 아무 생각 없이 마이크를 붙잡고는 마치 가수들이 유행가를 부르듯이 '노래'를 불렀다.

"오 주여, 나의 마음이…."

아마 그 팀장은 속으로 이렇게 생각했을 것이다.

'저 자매는 멀어도 한참 멀었구나.'

그 뒤 하나님의 계획에 따라 소마 트리오 활동을 하게 됐다. 소마 트리오 1집 녹음을 할 때만 해도 나는 몹시 교만했다.

'이거 뭐 클래식 음악에 비하면 너무 단순한 곡이잖아. 그냥 녹음실 가서 쫙쫙 하면 되겠네.'

정말 녹음실에 가서 '쫙쫙' 했더니 웬걸, 나중에 들어 보고 소마 트리오 세 명 모두 '허걱' 했다. 정말 아무 감동이 없는, 끔찍하게 텅 빈 음들이 처음부터 끝까지 흘러나오는 것이었다.
우리는 찬양을 우습게 여긴 것을 하나님께 회개하고 다시 연습에 들어갔다. 가을에 한 녹음도 실패하고, 결국 추운 겨울 내복을 껴입고 밤 11시에 시작해 새벽 3시까지 녹음해서 음반을 냈다. 그렇게 낮아진 마음으로 고생해서인지 지금 들어 봐도 더 나은 연주는 없겠다 싶은 곡이 있다. 물론 트랙을 건너뛰고 싶은 곡도 많다.

나는 사랑챔버 아이들 때문에 찬양의 능력을 믿는 연주자로 거듭나고 있는 중이다. 소마 트리오와 찬양 연주를 하면 눈물이 '핑' 돈다. 그러나 사랑챔버와 연주를 하면 눈물이 '펑' 쏟아진다. 연습하기 전에 무릎 꿇고 기도부터 하고, 찬양 연주가 있을 때는 반드시 가사 묵상을 한다. 나는 이렇게 기도한다.

"하나님, 나를 사용해 주셔서 감사합니다. 말씀 묵상한 대로 잘 전달할 수 있도록, 성령님이 역사하시는 도구로 사용해 주시기를 기도드립니다."

무대에 올라가서는 내가 조금이라도 드러날까 봐 나 자신과 싸운다. 과거에는 한 음이라도 틀릴까 봐 노심초사했다면, 지금은 한순간이라도 하나님의 영광을 가리게 될까 봐, 사람들의 칭찬을 받고 싶어할까 봐, 내가 또 속는 순간이 될까 봐 늘 조심한다. 그리고 예전처럼 엄숙한 척 하지도 않는다. 마음껏 표현하며 자유함을 누린다.

03
내가 받은
더 값진 레슨비

지금 내게서 바이올린을 배우는 학생들의 악보는, 대학원생이든 중·고등학생이든 상관없이 알록달록한 색깔과 그림들이 잔뜩 그려져 있다. 어떤 학생이든, 사랑챔버 아이들을 대하듯 그 학생의 입장이 되어 레슨을 하면 언제나 효과 만점이다. 이것은 돈과 비교할 수 없는 사랑챔버 아이들이 내게 준 레슨비다.

"**어머,** 선생님! 지난 10년간 자원봉사 대신 개인 레슨을 했다면 레슨비가 어마어마할 거예요?"

가끔 내게 이렇게 말하는 분이 있다. 사랑챔버에 투자한 시간만큼 레슨비를 벌지 못한 것은 사실이다. 하지만 오히려 내가 그보다 더 값진 레슨을 얼마나 받았는지 모른다.

나는 원래 말을 잘 못했다. 더구나 세 살부터 외국에서 생활했기 때문에 한국말을 제대로 할 줄 몰랐다. 한국에 처음 왔을 때엔 어린 사람한테 반말하는 것이 헷갈려서 무조건 존댓말을 썼다. 내가 하도 어린 학생에게 "연습 많이 했어요?" 하며 존댓말을 하니까 어머니들이 몸 둘 바를 몰라 하며 "선생님, 말씀 놓으세요" 했다. 지금도 가끔 레슨하다 말고, "그건 한국말로 뭐라 하죠?" 하기가 일쑤다.

그런데 사랑챔버 아이들을 가르치면서 말로 훈육하는 것보다 '터치'해 주는 것이 훨씬 효과 있다는 것을 체감한 뒤로 한국말을 잘 못하는 것이 아무 상관이 없어졌다.

입시를 준비하는 고등학생들은 한결같이 얼굴이 굳어 있다. 재능도 있고, 부모님이 좋은 악기에 비싼 레슨비를 내 줄 수 있는 재력도 있고, 기사가 집 앞까지 데려다 줄 만큼 떠받듦을 받는 학생들도 있지만 그들은 행복하지 않았다. 자기가 왜 바이올린 레슨을 받아야 하는지도 모른 채, 점수에 짓눌려 사느라 웃음을 잃어버린 아이들이었다.

처음에는 크리스천이면 같이 기도도 하고, 아니면 친절하게 말을 붙이면서 친해지려 노력했지만, 아이들은 대답할 줄 몰랐다. 내게 마음을 열지 않았다. 건강하지 않은 것이다.

그런 건강하지 못한 마음 상태는 바이올린 연주에서 고스란히 드러난다. 잔뜩 긴장한 팔로 활을 움켜쥐고는 감정이라곤 하나도 없는 목조 인형처럼 활을 켜는 것이다.

자신이 바이올린을 얼마나 좋아하는지도, 음악을 즐길 줄도, 악기를 배울 수 있다는 사실에 감사할 줄도 모르는 아이들을 가르치는 일은 거의 고문 수준에 가깝다.

그런데 사랑챔버 아이들을 가르치면서 나는 개인 레슨을 받으러 오는 학생들에게도 점점 유치원생 대하듯 하게 되었다. 입장을 바꿔 생각하며 지도하는 게 습관이 되어 어떤 문제점 때문에 해결을 못하는지 금방 눈에 들어오기 시작했다.

한번은 한 학생이 하도 긴장을 하기에 사랑챔버 아이들에게 하듯 손등을 톡톡 치면서 "헐렁 헐렁~" 하고 말했는데, 이 학생이 신기하게 알아듣고는 금세 긴장을 풀었다. 무엇보다 '소리가 그렇게 달라질 수도 있구나' 하고 내가 놀랐다. 이런 방법으로 학생들과도 마음을 교류할 수 있겠구나 싶은 희망이 보이자 너무 기뻤다.

그러잖아도 잔뜩 긴장한 학생한테 무섭게 "힘 빼!!" 하고 소리치면 역효과만 나게 마련이다. "악기를 내려놓고 원숭이 팔처럼 헐렁헐렁!" 하면 학생들은 스스로 힘을 빼고 호흡을 조절했다. 소리 내어 노래 부르기를 시키면 자신의 몸속에서 진심을 토해 내는 것처럼 자연스럽게 연주를 하게 된다. 그것은 놀라운 발견이었고, 내가 음악 선생이자, 연주자로서 한 뼘 더 성장하는 순간이었다.

지금 내게서 바이올린을 배우는 학생들의 악보에는, 대학원생이든 중·고등학생이든 상관없이 알록달록한 색깔과 그림들이 잔뜩 그려져 있다.

"이 부분은 눈썹 올리기…."

눈썹을 올리고서는 절대로 화를 낼 수 없다. 그리고 음악도 절대로 무거울 수 없다. 그러니까 즐겁고 기쁜 마음으로 표현하자는 것이다.

"이 부분은 얼굴 찡그리기."

얼굴을 찡그리면 마음이 집중된다. 그러니까 좀 침착하고 깊이 있게 곡을 느껴 보라는 것이다.

간단한 이모티콘 표시만 해 줘도 학생들은 금방 알아듣는다. 어떤 학생이든, 사랑챔버 아이들을 대하듯 그 학생의 입장이 되어 레슨을 하면 언제나 효과 만점이다. 이것은 돈과 비교할 수 없는 사랑챔버 아이들이 내게 준 레슨비다.

온누리교회 양재성전 특순

04
다윗의 찬양이
내게도…

나는 '하나님의 영광을 위해 솔로 음반을 만들겠다'는 마음을 버리고 하나님께 더욱 집중했다. 그러자 하나님께서는 음반으로 기쁘게 해드리겠다는 나의 '건방진' 생각 대신 내게 주신 은사를 모두와 나누겠다는 마음을 주셨다.

소마 트리오

1집은 많은 분들의 사랑을 받았다. 어떤 분은 태교 음악으로 딱 좋다고 했고, 어떤 분은 '가사 없는 복음'이라면서 전도할 때 소마 트리오 1집을 선물한다고 하셨다. 그리고 우리는 어느새 찬양 사역자로 조금씩 소문이 나기 시작했다. 첫 소산을 바치라는 구약의 말씀에 따라 소마 트리오 1집 앨범의 음반 수익금은 펀드를 마련해 하나님의 일을 위해 사용하기로 했다. 반응이 생각 이상으로 좋아서 2집 때는 우리가 좀 나눠 가질까 하는 유혹도 받았지만 클래식 음악인으로서 찬양 음반을 낸 것이므로 2집 역시 수익금을 좋은 일에 쓰기로 했다.

나는 점점 솔로 앨범으로도 하나님께 찬양의 제사를 드리고 싶어졌다. 시편을 읽어 나가면서 주님의 음성과 도우심을 기다렸다. 그러던 어느 날 이 말씀이 눈에 들어왔다.

> "하나님께서 부리시는 악령이 사울에게 이를 때에 다윗이 수금을 들고 와서 손으로 탄즉 사울이 상쾌하여 낫고 악령이 그에게서 떠나더라" – 사무엘상 16:23

이 말씀은 찬양하는 사람들에게는 아주 익숙한 구절이었는데, 그날따라 이런 생각이 들었다. '다윗과 같이 악령을 떠나게 하는 역사가 내 악기를 통해서, 내 음반을 통해서 일어날 수 있을까?' 생각해 보니, 이제껏 내 의도와는 다르게 찬양 사역자가 되었지만, 이 구절을 목표로 두고 연주를 했던 적은 없는 것 같았다. 간혹 헤비메탈 음악 중에는 'backward-masking'으로 어두움과 좌절의 메시지를 숨겨 놓는다고 하지 않는가. 내 바이올린에서 흘러나오는 소리가 'forward-masking'으로 마음 문을 열게 하고 샘물처럼 소생시키는 역사를 일으킨다면 얼마나 좋을까. 나는 이 구절을 내 것으로 삼고 도전해 보기로 했다.

나는 편곡자 안선 씨와 함께 1년 동안 작업하며 녹음하고 싶은 찬양곡 17곡을 함께 정하고, 그 찬양곡의 토대가 된 말씀을 찾아서 묵상했다. 찬양곡들의 모든 가사가 하루 종일 내 영혼을 맴돌았다. 기쁨과 감사가 넘쳤다.

드디어 녹음 첫날, "상아궁에서 나오는 현악은 왕을 즐겁게 하도다"(시 45:8)라는 말씀을 보고는 '이거 내꺼다!' 싶었다. 이 말씀은 시편 중에서 아주 드물게 현악이 등장하는 구절이어서 나의 왕이신 하나님을 즐겁게 하는 바이올린 소리를 기대했다. 찬양에 대한 말씀이 나오기만 하면 얼른 '먹어서' 내 것으로 꿀꺽하고 입력해 왔던 터였다.

며칠 뒤 녹음 둘째 날의 말씀은 "찬송하라 하나님을 찬송하라 찬송하라 우리 왕을 찬송하라"(시 47:6)였다. 그날은 사랑챔버 선생님들로 구성된 사랑플러스와 함께 챔버 곡들을 녹음하는 날이었다. 이 날에 맞춰 주신 하나님의 격려의 말씀 같았다. 다 같이 하나님을 찬송하라고 '찬송'이라는 단어가 이렇게 한꺼번에 나오다니, 깜짝 놀랐다. 사랑챔버 선생님들과의 녹음 진행은 너무나 순조로웠다.

한번은 연습 때 어느 선생님이 물었다.

"선생님은 화도 안 내세요?"

나는 이렇게 말했다.

"아니오. 저 예전에 안 그랬는데요, 10년 동안 훈련받은 거예요!"

그건 사실이었다. 나도 얼마든지 잘못을 따박따박 지적하고 "저기 몇 번째 의자! 혼자 해 보세요!" 하면서 긴장감을 조성시켜 단원들을 서로 경쟁하도록 부추길 수 있었다. 하지만 그것은 우리 사랑챔버에서는 통하지 않는다. 내가 선생님들에게 어떻게 화를 내겠는가. 아이들을 무료로 지도해 주고, 늦은 시간까지 녹음을 하러 와 준 것만도 너무나 감사하고 고마운 분들인데…. 이렇게 서로 주장하는 자세가 아니라, 사랑하는 자세를 가질 때 하나님이 기뻐하시는 아름다운 음악을 연주할 수 있다는 것을 알게 되었는데….

이번 앨범의 타이틀곡은 〈온 맘 다해〉다. 이 찬양곡의 가사 역시 시편 말씀에서 비롯된 것이다.

"주 나의 하나님이여 내가 전심으로 주를 찬송하고 영원토록 주의 이름에 영광을 돌리오리니" – 시편 86:12

나는 이 말씀을 읽으며 나 자신에게 질문을 던져 보았다.

'나는 과연 무엇을 위해 온 맘 다해 해 본 적이 있나?'

나는 워낙 한 가지 일에 매달리면 '끝장'을 봐야 속이 시원해지는 성격이어서 이 말씀은 처음에는 그렇게 도전으로 다가오지 않았다. 녹음할 때도 그냥 나름대로 온 맘 다해서 하면 하나님께 영광이 되고 음반으로 하나님을 기쁘시게 해 드릴 수 있을 거라는 '건방

녹음실에서
손인경, 염은하 선생님

진' 생각을 했다.

녹음을 마치고 모니터링하면서 나 자신에게 얼마나 실망했는지 모른다. 나는 '온 맘 다해' 찬양한 것이 아니라 '온 힘을 다해 혼자서' 하려고 했다는 것을 깨달았다. 얼마나 부끄럽던지. 편집과 믹싱을 하면서 '그래도 감사해야지…' 마음을 다잡았지만, 자꾸 나 자신을 질책하게 되었다.

'난 이것밖에 안 되나?'

나를 자학하다 보니 귀와 신경이 예민해져서 모든 게 불만이었다. 이것도 마음에 안 들고 저것도 거슬리고… 끝내는 하나님께 분통을 터뜨리고 말았다.

"하나님! 저를 이렇게 예민하게 창조하셨으면 제발 그 예민함이 녹음 작업에 사용되게 해 주세요!"

그리고 그제야 알았다. 그것이 나의 한계였던 것이다. 도무지 만족할 줄 모르는 나의 완벽주의 때문에 주변의 어느 누구도 나를 말리지 못한다는 것을. 그러니까 내게 완벽주의는 분명 죄였다.

결국 녹음을 같이 하고 미국으로 돌아간 안선 씨에게 메일을 보내 고민을 털어놓았다. 답장은 간단했다.

"하나님의 자리에서 하나님 역할까지 하려고 하는 게 아니니까 걱정하지 말아요!"

그런데 그 답을 듣고 나는 사실 조금 찔렸다. 사실 나의 문제는 내가 제일 잘 알고 있었으니 말이다. 나의 못마땅함은 하나님께 최선을 드리기 위해서라기보다 자존심 때문이라는 걸 나는 알고 있었다. 음반 수익금 전액을 사랑챔버 기금 마련에 내놓는 것이니만큼 대충 하면 안 된다는 마음이 없었던 것은 아니지만, 솔직히 사람들의 평가가 두려웠다.

하나님께 온전히 맡기지 못하고 내 힘으로 하려는 순간이 너무 많았다. 하나님의 영광이 아니라 나의 영광을 위해서 한다면 모두 헛된 일이다. 음반이 마음에 들지 않아서 좌절하고 혼란스럽고 힘들 때마다 내가 돌아갈 곳은 말씀밖에는 없었다.

시편 46편 1절 말씀 "하나님은 우리 피난처시요 힘이시니 환난 중에 만날 큰 도움이시라"를 다시 '발견'했다. 2~3절 "그러므로 땅이 변하든지 산이 흔들려 바다 가운데에 빠지든지 바닷물이 솟아나고 뛰놀든지 그것이 넘침으로 산이 흔들릴지라도 우리는 두려워하지 아니하리로다"는 말씀을 읽고 그동안 이 말씀과 비교할 수 없는 상황 속에 빠져 스스로 마음에 환란을 가져오고 하나님의 하나님되심을 인정하지 못했던 것을 알게 되었다.

나는 '하나님의 영광을 위해 솔로 음반을 만들겠다'는 마음을 버리고, 하나님께 더욱 집중했다. 그러자 하나님께서는, 음반으로 기쁘게 해드리겠다는 나의 '건방진' 생각 대신 내게 주신 은사를 모두와 나누겠다는 마음을 주셨다.

솔로 1집 녹음 과정을 통해 그동안 나는 이제까지와는 전혀 다른 경험을 했다. 정말 온전히 주님만을 찬양하기 원하고 성령님의 기름 부으심을 간구하며 찬양으로 충만한 하루하루를 보냈다. 너무 놀라운 축복이었다.

그리고 비로소 하나님께 온전히 사로잡혀 하나님을 찬양했던 다윗의 기쁨이 어떤 것인지 알게 됐다. 악령을 떠나게 한 다윗의 '능력'이 궁금했는데, 오히려 나 자신이 치유 받고 내 안에 있는 무거운 짐들이 날아가게 되었다.

그제야 이 말씀의 의미가 풀리는 듯했다. 찬양의 능력은 사울의 악령만 떠나보낸 것이 아니라, 다윗의 영혼도 정화시켰다. 그 찬양의 능력은 다윗의 것이 아니었다. 신하들이 사울에게 다윗을 추천

할 때 "여호와께서 그와 함께 계시더이다"(삼상 16:18)라고 말했던 것처럼, 하나님의 것이었다. 아무리 하프를 잘 켜도 하나님께서 함께 하시지 않으면 아무런 '효력'이 없다. 아마도 다윗은 오직 하나님만이 자신을 도구로 사용하셔서 능력을 행하신다는 놀라운 비밀을 알고 있었을 것이다.

하나님은 철없는 내게 찬양의 영광을 보여 주셨다. 나의 솔로 음반 사역 이름은 'FONTANA ministry'(이태리어로 샘, fountain이라는 뜻)다. 하나님이 나와 함께해 주시고, 나를 도구로 사용하셔서 찬양 안에 숨겨진 생명의 메시지를 소생시키는 역사가 일어나기를 소망할 뿐이다.

05 우리도 그들처럼

언젠가 인터뷰에서 이런 질문을 받았다. "나중에 뉴스하면 아빠에게 알리고 싶으세요?" 그때 나도 모르게 나온 이것다. "헬리 나 오앤져럼 공동체에서 서로를 섬기면서 살고 싶어요." 대답을 하고 나니 나도 깜짝 놀랐다. 그랬구나. 내가 그런 삶을 알고 싶어서, 이곳은 그저 이들의 고백에 되도 모른다. 하지만 나는 알에 관계가 있다는 것을 안다.

언제부터인가

하나님은 사랑챔버를 통해 연주를 넘어서 간증까지 나누게 하셨다. 장애인선교회가 있는 교회에 가서 장애인 선교의 비전을 나누는 일을 요청받은 것이다. 하나님이 우리 사랑챔버를 역할 모델로 세우신 것은 놀라운 일이지만 한편으론 두렵다. 어느 어머니의 말처럼, 세계 어느 곳이든 장애인은 있고, 그렇다면 우리가 할 일은 많다. 하나님은 바로 그것을 우리에게 요구하셨다.

부산 수영로교회에서 교회 내에 사랑챔버를 만들려고 하는데 방문해도 괜찮겠느냐고 연락이 왔다.

'우리를 모델로 해서 사랑챔버가 또 생긴다니!'

어머니들은 그 자체만으로도 감격했다.

수영로교회에서 목사님과 선생님들 여러 분이 왔다. 그들은 장애인 챔버에 대한 열의가 대단했다. 만나 보니 그동안 준비도 꾸준히 해서 이미 자원봉사 선생님까지 꾸려 놓은 상태였다. 사랑챔버가 탄생하게 된 이야기를 시작으로 지나온 세월을 서로 나누는 사이 어느새 끈끈한 공감대도 형성되었다.

2008년 4월 셋째 주, 장애인 주간에 사랑챔버는 수영로교회에 초대되었다. 수영로교회에서 버스 한 대를 보내 주어 사랑챔버 연주팀 식구 40명이 내려갔다. 토요일에 콘서트를 마치고 사랑챔버는 서울로 올라가고, 나 혼자 주일 오후 중직자 예배 때 덜덜 떨면서 간증을 했다.

그날 간증하기에 앞서 나는 수영로교회 사랑부에서 함께 예배를 드렸다. 오렌지색 조끼를 입은 봉사자들은 일대일로 배정되어 아이들과 함께 찬양하고 아이들이 차분하게 예배를 드릴 수 있도록 돌봐 주었다. 어느 장로님의 뜨거운 기도와, 아이들의 목소리 톤으로 재미있게 설교한 목사님의 모습도 감동적이었다. 찬양하는 아이들을 보면서 만일 수영로교회에도 사랑챔버가 생긴다면 이 아이들 모두가 신청할 것 같다는 생각이 들었다.

수영로교회에는 나이 든 장애인들이 많아서 그런지 장애인 비누 제작 작업장까지 있었다. 마흔 살 넘은 남자들도 비누 제작을 해서 월급을 받는다고 했다.

온누리교회에도 '번동코이노니아'라는 장애인 작업장이 있기는 하지만, 사랑챔버 아이들에게도 취업의 문이 열리면 좋겠다고 생각했다.

10년 전에 초·중학생이었던 아이들은 이제 성인이 되어 버렸다. 사랑챔버 아이들이 실내악단으로 활동할 수 있도록 도와주는 것이 나의 다음 숙제 같았다. 아이들이 악기를 배우는 데서 그치지 않고 연주 활동을 꾸준히 하면서 사회에 선한 영향을 미친다면 얼마나 좋을까.

사랑챔버만의 스튜디오를 얻을 요량으로 처음 태동할 때 하 목사님이 악기를 구입하라고 준 씨드머니와 덕영재단 후원으로 받은 음악회 티켓 판매 수익금, 그동안 연주회를 다니며 받은 사례비를 모아 놓은 것이 있다. 연주회를 앞두고 더 자주 모여서 연습을 해야 하는데 평일 저녁에도 교회에서 다 같이 연습할 장소가 없어서 악기를 풀었다 쌌다를 반복하다 보니 당장 연습실이 급했다. 연주 요청이 늘어나면서 함께 움직일 버스도 시급했다. 어머니들은 웬만해선 통장을 헐지 않으려고 아끼고 또 아꼈다.

하지만 몇 해 전부터 그 돈을 헐어 사랑챔버 아이들에게 장학금으로 주기 시작했다. 청소년 음악 교육을 위한 특정한 후원금까지 받게 되었으니 아이들에게 희망을 줄 수 있는 좋은 기회였다. 첫해에는 연주 활동을 많이 다닌 아이들을 중심으로 장학금을 주었으나 다음해부터는 사랑챔버 모든 아이들에게 5,000원짜리 문화상품권 한 장이라도 나눠 주었다. 아이들은 그 선물을 받아들고는 감격해서 어쩔 줄을 몰라 했다. 우리의 작은 결단이 이 아이들과 그 가족에게 이렇게 큰 즐거움을 줄 수 있다니 감사했다.

나는 그날 아이들의 표정을 보면서 처음에는 사랑챔버가 전문 연주 단체가 되기를 꿈꿔야 한다고 생각했다. 하지만 '어떻게?' 그것이 문제였다.

그러던 어느 날 옛날 실내악 제자였던 정은미 선생님이 〈도토리의 집〉이라는 애니메이션을 구해 왔다. 적어도 농아와 한두 가지 장애를 함께 가진 중복장애인들과 그의 가족, 그리고 특수학교 선생님들이 힘을 모아 '작업장과 공동체 생활 시설'을 마련해 가는 이야기였다. 일본에서 있었던 실화를 바탕으로 한 것으로, 학교에서 교육을 받아도 여전히 집에서 생활할 수밖에 없는 중복장애인들의 고통을 잘 그려 냈다. 황지원 선생님 집에 모여 함께 DVD를 보았는데, 누가 먼저랄 것 없이 눈물을 쏟아 냈다.

그 외롭고 험한 길을 걸어왔을 부모님들의 고통이 가슴에 사무쳤다. 사랑챔버 아이들의 어린 시절이 거기에 있었다. 장애를 가진 아이를 기르는 부모님들의 한결같은 고민은 '자신들이 세상을 떠나고 나면 이 아이가 혼자 어떻게 세상을 살아가나'였다. 그래서 부모님들은 자식보다 자신이 '딱 하루만' 늦게 죽기를 바란다.

그때 내 마음속에 우리의 캠프 장면이 떠올랐다.

'그래, 아이들이 그런 곳에서 함께 생활하면서 연주 활동을

할 수 있다면… 날마다 함께 예배드리고, 연습도 하고 밥도 함께 나눠 먹는 공동체를 만들 수 있다면….'

언젠가 어머니 한 분에게 이런 이야기를 하자, 그분이 맞장구를 치며 이렇게 말했다.

"그래요, 선생님! 100년 뒤에도 사랑챔버가 있어야지요."

지금 우리 사랑챔버 식구들은 이 사랑의 숙제를 안고 열심히 기도 중이다.
언젠가 인터뷰에서 이런 질문을 받았다.

"나중에 늙으시면 어떻게 살고 싶으세요?"

그때 나도 모르게 나온 대답이 이랬다.

"헨리 나우웬처럼 공동체에서 서로를 섬기면서 살고 싶어요."

대답을 하고 나서 나도 깜짝 놀랐다.

'그랬구나. 내가 그런 삶을 살고 싶었구나.'

이것은 그저 입술의 고백일지도 모른다. 하지만 나는 말에 권세가 있다는 것을 믿는다. 하나님은 어쩌면 정말 내게 그 일을 맡기실지도 모른다. 내가 언제 죽을지는 알 수 없지만, 그때도 내 곁에 나의 가족과 사랑챔버는 영원히 남아 있으리라고 확신한다.

06 기대

은혜로 가득 찬 10년을 지나왔다. 또 다음 10년 동안 하나님께서 행하실 일이 얼마나 기대되는지. 우리는 새로운 앞날에 도전하며 하나님이 우리들만을 위해 계획하신 놀라운 일들을 보실 것이다.

꼬마 신입생들
(위쪽부터) 김주연, 김지원 (첼로), 여명효, 윤예찬, 이홍승

음악 선생으로서 지금까지 많은 아이들을 만났고 가르쳤다. 음악 천재이지만 하나님을 경외하지 않는 학생도 있었고, 가난하지만 성실하게 노력하며 하나님만 의지하는 학생도 있었다. 믿음이 없는 학생을 위해 계속 중보는 하고 있지만 이 두 학생을 비교하자면 나는 당연히 믿는 학생을 응원한다. 이 학생은 예배자로 설 수 있기 때문이다. 나는 음악인을 예배자로 세우고 싶은 열망이 있다. 보통 사람들 눈에는 사랑챔버 아이들이 부족한 게 많아 보여도, 내게는 훌륭한 예배자다. 그래서 나는 하나님을 모르는 음악 신동을 가르칠 때보다 사랑챔버 아이들을 가르칠 때 더 기대되고 가슴이 뛴다.

내가 최근에 일대일 레슨을 시작한 홍승이는 사랑챔버에 처음 온 날부터 가만히 있지 않았다. 불쑥 의자에 서 있는가 하면 쉴 새 없이 돌아다녔다. 레슨 중에는 의자를 위험할 정도로 끄덕거려서 악기를 잡아 줘야 했다. 하지만 그렇게 산만한 홍승이가 형, 누나들이 전체 연습 때 연주할 때면 단 몇 초라도 집중한다. 홍승이에게는 음악이 커뮤니케이션의 통로가 된 것이다.

홍승이 어머니는 이렇게 말했다.

"여기 오면 편안한가 봐요. 홍승이가 이렇게 집중하게 될 줄 몰랐어요."

홍승이는 언어 발음 치료학원을 다니고 있다고 했다. 처음엔 사랑챔버에 온 것도 음악을 하겠다기보다 많은 치료 방법 중의 하나로 선택한 것 같았다.

계속해서 늘어나는 학생 수에 비해 봉사할 선생님은 턱없이 부족해서 몇몇 선생님은 개인 레슨을 두 명씩 하기도 했다.

홍승이를 맡게 된 나는 우리가 왠지 통할 것만 같았다. 내가 본 홍승이는 음악을 좋아했다. 그래서 평소 산만한 자폐증을 가진 아이지만, 음 하나하나에 반응하고 레슨에 집중한다.

우리는 레슨 중에 종종 홍승이가 제일 좋아하는 '역할 놀이'를 한다. 나는 학생이 되고 홍승이는 선생님이 되는 것이다. 내가 일부러 틀리게 짚으면, 손가락을 제대로 짚어 주고, 다음에 어떤 음을 연주해야 할지도 알고 지시한다.

자폐증을 가진 아이들은 차례나 규칙에 민감하기 때문에 나는 학습 방법에 '차례'를 적용하곤 한다.

내가 먼저 연주해 준 다음에 나는 꼭 이렇게 묻는다.

"선생님이 참 잘했어요. 그 다음에는 누구 차례예요? 예, 홍승이 차례예요."

홍승이는 자기 차례를 알고 악기를 다시 빼앗아 간다.

"이 손가락이 도망가면 돼요, 안 돼요?"
"안 돼요."
"네~ 안 돼요. 비키면 안 돼요. 자리를 지키면 최고!"
"최고!"

그리고 배운 것을 금방 연주한다.

"와! 최고! 하이파이브 10번!!"
"짝짝짝짝짝짝짝짝~짝~!"

그 재능이 생각보다 뛰어나다. 처음에는 평안이 없던 홍승이가 이제는 이렇게 자기 자리를 지킬 줄 알고 의젓해지고 사랑챔버의 가족이 되어서 우리와 함께 같은 길을 걷는다는 사실이 너무나 감사하고 기쁘다. 홍승이처럼 어린 신입생들이 10년 뒤에는 또 얼마나 변해 있을까. 나는 기대에 부푼다.

사랑챔버를 시작한 뒤로 사람들이 내게 말했다.

"어쩌면 이렇게 좋은 일을 하세요?"

미국에서는 장애인들과 함께 어울려 놀거나 자원봉사로 활동하는 것이 흔한 일이어서 처음에는 이런 칭찬이 낯설었다. 하지만 칭찬을 많이 받다 보니 나도 모르게 교만이 싹텄던 시기도 있었다.

'그래, 맞어 맞어. 손 모양을 만들어 낸 것도 대단한 거야.'

그런데 여성예배 찬양팀 수련회에 가서 성격 유형 테스트인 MBTI 강의를 듣게 되었고, 내 기질이 INFJ라는 것을 알게 되었다. 나와 같은 기질을 가진 사람들은 현모양처이기도 하며, 사회복지사나 간호사로 일하는 사람이 많다고 했다. N은 눈치가 빨라서 직감적으로 상대방의 필요를 캐치하는 능력이 있다. F는 머리보다 가슴형이라는 얘기다.

그때 나는 강의를 들으면서 얼마나 회개했는지 모른다. 나 자신이 너무나도 낮아지는 순간이었다.

또 다른 10년을 기대하며

'내가 잘나서가 아니구나. 하나님이 다른 사람 돌보는 일을
시키려고 나를 이렇게 만드신 거구나.'

내게 무슨 큰 능력이 있어서가 아니라, 처음부터 이런 일에 쓰려고 하나님이 나를 이렇게 지으신 것이다.
기질뿐만 아니라 나의 성장 과정과 배경, 학업과 은사 모두가 하나님이 계획한 일에 쓰라고 주신 것이다.

지난 10년 동안도 그랬지만, 요즘도 때마다 새로운 곡이 떠오를 때면 새로운 악보를 준비하면서 가슴이 설레고 기쁘다.

주 안에 우린 하나 모습은 달라도…
주님 우릴 통해 계획하신 일
부족한 입술로 찬양하게 하신 일…

〈기대〉란 곡이다. 은혜로 가득 찬 10년을 지나왔다. 또 다음 10년 동안 하나님께서 행하실 일이 얼마나 기대되는지. 우리는 새로운 악보에 도전하며 하나님이 우리만을 위해 계획하신 놀라운 10년을 다시 보낼 것이다.

더 크게 꿈꾸는 것은 우리 모두가 작은 선교사로 쓰임받는 것이다. 어쩌면 그것이 우리를 향한 하나님의 기대일지도 모른다. 하나님이 우리를 단순한 연주단체이기보다는 선교사로 구별하고 싶어 하신다는 걸 안다. 사도행전 1장 8절에 기록한 주님의 마지막 계명인 지상명령(Great Commission)은 장애와 상관없이 우리 사랑챔버에게도 해당되는 것이 분명하다. 사랑챔버 아이들과 어머니, 선생님 모두가 앞으로도 훈련을 받으면서 복음 전하는 일, 영혼 구하는 일, 치유와 회복과 생명 전하는 일을 감당하는 사랑 공동체로 영원히 함께하길 바란다.

홈페이지 주소 www.sarangchamber.com

10년의 기적
사랑챔버 10주년 기념 콘서트

: 하나님의 꿈을 연주하는